Marco Kowalewski

Kryptowährungen
Das Einsteigerlexikon

Marco Kowalewski

Kryptowährungen

Das Einsteigerlexikon

Mit einem Vorwort von
Feyyaz Alingan und Alexander Thor

Rediroma-Verlag

Bibliografische Information der Deutschen Nationalbibliothek:
Die Deutsche Nationalbibliothek verzeichnet diese Publikation in der Deutschen Nationalbibliografie; detaillierte bibliografische Daten sind im Internet über http://portal.dnb.de abrufbar.

ISBN 978-3-98885-002-7

Umschlagillustration: tunasalmon (shutterstock.com)

www.rediroma-verlag.de
13,95 Euro (D)

Inhaltsverzeichnis

Gastbeitrag von Feyyaz Alingan (Blue Alpine Research)

Beim Thema Kryptowährungen scheiden sich oft die Investorengemüter: für die einen ein Weg, schnelles Geld zu verdienen an den Märkten, für die anderen ein Schnellballsystem sondergleichen.

Aber was sind Kryptowährungen und noch viel wichtiger: Wie funktionieren sie? Diese Fragen werden in diesem Buch geklärt.

Ich hatte 2013 per Zufall von dieser merkwürdigen Bitcoin-Technologie gehört und damals in meinem gesamten Freundeskreis gefragt, ob sich ein Investment lohne. „Ja nicht!", "am besten die Finger davon lassen", „das ist ganz sicher Betrug", waren die gängigsten Antworten. Der Bitcoin-Preis damals? Ca. 10 US-Dollar.

Nach dieser kurzen Diskussionsrunde mit meinen Freunden habe ich den Kurs innert weniger Tagen von 10 US-Dollar auf über 100 und dann 200 US-Dollar steigen sehen.

Also doch kein Betrug?, dachte ich mir und habe angefangen, mich mit der Technologie dahinter zu beschäftigen. Und genau das hat mir die Augen geöffnet. Denn die Preise und die Kurse, die wir in den Schlagzeilen sehen, sind nur ein Teil des Ganzen.

Klar lockt es den einen oder die andere Investorin in den Markt, aber richtig revolutionär wird es, wenn man versteht, was die Blockchain-Technologie, auf welcher Bitcoin basiert, wirklich funktioniert.

Plötzlich wird die Immobilie tokenisiert, das Grundbuch digitalisiert und Eigentum fraktional zugänglich gemacht. Ein Haus, das 1 Mio. EUR kostet, kann durch Tokens und

Anteile gehandelt werden und das auf einem Marktplatz, der für alle zugänglich ist. 24 Stunden, 7 Tage die Woche.

Wenn man einmal im Bann des Kryptomarktes ist, ist es schwierig, die Augen zu schließen, denn die Industrie bewegt sich so schnell, dass Hypes kommen und gehen, aber die Technologie immer besser wird. Wir machen in dieser Industrie immer Witze, dass sich drei Wochen etwa so anfühlen, als hätten wir bereits drei Jahre erlebt.

Keine Industrie wächst so schnell wie solche, in welchen Imperien aufgebaut und zerstört werden können.

Alles nur heiße Luft oder ist da etwas dran? Dieser Frage geht dieses Buch nach und beantwortet meiner Meinung nach die wichtigsten Themen so gut, dass ein Einsteiger den perfekten Blick auf die Industrie werfen kann.

Mit ein bisschen Eigeninteresse und Motivation sowie dem Wissen aus diesem Buch ist der Leser gut für diese dynamische Kryptowelt gerüstet, um tiefer abzutauchen.

https://www.bluealpineresearch.com/

Gastbeitrag von Alexander Thor (DeFi.jetzt)

Inzwischen hat jeder von Bitcoin gehört. Allerdings gibt es noch immer drei Gruppen von Leuten, die auf Bitcoin unterschiedlich reagieren. Es gibt die Gruppe der frühen Adaptierer, die schon mit Bitcoin zu tun hatten, als dessen Preis ein-, zwei-, drei- oder vierstellig war. Für diese Menschen ist Bitcoin oft das bessere Geld, so auch für mich.

Dann gibt es die Gruppe derjenigen, die aufgrund inhalierter Vorurteile die Nase rümpfen, wenn sie Bitcoin hören. Für sie ist Bitcoin ebenfalls Geld. Aber über Geld spricht man nicht. Es ist etwas Verwerfliches, Dekadentes. Sie haben nie gelernt, Geld zu verstehen oder gar damit effizient umzugehen.

Die dritte Gruppe öffnet sich aktuell für Bitcoin, weil sie merkt, dass die Welt sich ändert. Diese Menschen sind offen für Neues, das seine Kinderkrankheiten verloren hat. Für jene Neulinge ist das vorliegende Buch das Tor in die Welt des dezentralen Geldes. Auch wenn man in der Schule kaum etwas über Geld, Buchhaltung und Wirtschaften beigebracht bekommt, ist es umso wichtiger, sich für ein freies Geld zu interessieren, welches so anders als Euro, Dollar oder Franken ist.

Bitcoin (BTC) ist ein Geld, welches niemand für ungültig erklären kann. Jeder kann es ohne Erlaubnis eines anderen direkt übertragen – an jeden, an den er will, egal, wo derjenige sich aufhält. Voraussetzung ist die Kenntnis der Bitcoin-Adresse des Empfängers. (Es existieren Möglichkeiten, Bitcoin ohne Internet zu übertragen.) Einer der wichtigen Unterschiede von BTC gegenüber zentralem Geld besteht darin, dass Bitcoin von niemandem für ungültig erklärt werden. Für Bitcoin wird es nie eine Währungsreform geben.

Bitcoins können weder beschlagnahmt noch gepfändet werden. Für mich ist dies der wichtigste Grund, BTC zu haben, zu nutzen und andere dafür zu interessieren.

Jeder BTC existiert nur in der Bitcoin-Blockchain und nur dort. Jeder, der den Schlüssel zum Bewegen der Bitcoins kennt, kann sie übertragen. Da die Schlüssel digital sind, kann jeder so viele Kopien anfertigen, wie er will. Nicht nur aus diesem Grund ist dieses neue Geld anders als alle anderen Gelder zuvor.

Jeder Geldnutzer sollte sich mit freiem, dezentralem Geld beschäftigen, bevor Digitales Zentralbankgeld für jedermann über Nacht eingeführt wird. Dann wird es nur Wenige geben, die gutes Geld gegen schlechtes Geld tauschen. Niemand wird freiwillig ein freies Geld gegen ein erzwungenes Geld wechseln, welches ein Verfallsdatum haben wird, welches man für bestimmte Waren und Dienstleistungen nicht ausgeben können wird, welches einem jederzeit weggenommen oder eingefroren werden kann und welches nur innerhalb seiner 15-Minuten-Stadt nutzbar sein wird. Bitcoin hingegen ist global, erlaubnisfrei und ohne räumliches, zeitliches Limit.

Oft werde ich gefragt, wann der beste Zeitpunkt sei, in Bitcoin einzusteigen. Die Antwort lautet stets: Der beste Zeitpunkt war vor Jahren. Aber JETZT ist der zweitbeste Augenblick, unabhängig vom Grund oder vom aktuellen Preis. Es ist nicht verwerflich, wenn jemand Bitcoin als Investitionsobjekt ansieht und auf Wertsteigerung hofft. Wichtig ist, dabei zu sein. Die Nützlichkeit erkennt man bei der Benutzung.

Dabei hilft das vorliegende Buch, um das neue, dezentrale Geld zu verstehen und den Umgang ohne Hast zu erlernen.

https://thor-alexander.de/

Vorwort

Kryptowährungen stehen immer wieder und nicht nur zuletzt durch Terra Luna oder FTX im Interesse der Medien. Man liest von Überschriften bezüglich Geldwäsche, Insolvenzen, Regulierung und Diebstählen. So wurden 2021 insgesamt 14 Milliarden US-Dollar durch Diebstähle und Hacks von Plattformen und Usern entwendet. Man bekommt daher den Eindruck vermittelt, dass Kryptowährungen unsicher, unberechenbar oder gar illegal seien.

Fakt ist, dass nichts davon zutrifft, obwohl es immer mal wieder vorkommt, dass durch Hacks Gelder entwendet werden oder sie für nicht legale Geschäfte genutzt werden. Dies ist jedoch ein absolut vernachlässigbarer Bruchteil der Transaktionen und solange man seine Kryptowährungen selbst verwahrt, sind diese auch sicher.

Darüber hinaus muss man beachten, dass wir uns hier auf einem noch jungen Markt mit einer neuen Technologie befinden, welche sich immer weiterentwickelt.

Ein deutliches Zeichen für die Verschmelzung zwischen Kryptowährungen und der klassischen Finanzindustrie ist der Börsengang von Coinbase im Jahre 2021.

Ebenso findet man inzwischen im Portfolio vieler Online Broker Kryptowährungen und ein Bitcoin ETF ist nur noch eine Frage der Zeit.

All dies sind deutliche Zeichen, dass es sich nicht um eine Modeerscheinung, sondern um einen Trend hin zur Dezentralität geht.

Viele Länder sind sich jedoch unsicher und wissen nicht, wie sie mit dieser neuen Welt der Kryptowährungen umgehen sollen. Hinsichtlich einer Regulierung stellen diese sich die Frage, ob und, wenn ja, wie sie in den Markt eingreifen können oder ob sie es überhaupt sollten. Hier sehen wir auf der einen Seite Länder wie China, welches 2021 das Mining erst eingeschränkt und dann verboten hat. Die Miningindustrie ist daraufhin in andere Länder mit niedrigen Stromkosten abgewandert. Auf der anderen Seite haben wir dann Länder wie El Salvador, welches im Herbst 2021 Bitcoin neben der offiziellen Landeswährung als Zahlungsmittel zugelassen hat. Aus meiner Sicht ist es nur eine Frage der Zeit, wann andere Länder nachziehen. Als Zahlungsmittel lässt sich Bitcoin heute schon in vielen Geschäften oder großen Unternehmen wie Lieferando und Tesla nutzen und so findet man heutzutage bereits in vielen Städten Krypto-Geldautomaten. Ebenso können sie in FIAT-Geld oder andere Kryptowährungen rund um die Uhr, 24 Stunden am Tag, 7 Tage die Woche und 365 Tage im Jahr auf weltweit zugänglichen Handelsbörsen getauscht, gekauft oder verkauft werden.

Auch wenn sich die Kryptowelt aktuell in einem Bärenmarkt befindet, so zeigt ein Blick auf die Zahlen, welches Potenzial hier liegt. So hat sich das Marktvolumen 2021 innerhalb dieses Jahres von 774 Milliarden auf 2,25 Billionen USD und die Nutzerzahl von 106 Millionen auf 295 Millionen erhöht. Allein das Anlagevolumen im DeFi-Bereich hat sich von 16,1 Milliarden auf 101,4 Milliarden gesteigert.

Einen ganz besonderen Hype in dieser Zeit erlebten NFTs und ich bin sehr gespannt, was als Nächstes folgt. Aus meiner Sicht haben DAOs die Möglichkeit, in den nächsten ein bis zwei Jahren in deren Fußstapfen zu treten.

Coins & more

Kryptowährungen

Das erste elektronische Geld mit einer relativ kurzen Nutzungsdauer von drei Jahren und Nutzung durch eine einzige Bank entstand mit eCash im Jahre 1983 durch David Chaum. Dem folgte 1990 b-money von Wie Dai, bevor Nick Szabos 1998 BitGold einführte, welches eine hohe Ähnlichkeit mit Bitcoin aufweist. Viele vermuten daher Nick Szabos hinter dem Pseudonym Satoshi Nakamoto.

Mit Einführung des Bitcoins wurden zwei Probleme gelöst. Das „Double Spending“ und die „Konsensbildung“. Insbesondere die Entwicklung der Kryptografie führte dann zum Durchbruch der Kryptowährungen und zur Massentauglichkeit. Die ersten Altcoins kamen dann 2011 auf den Markt, um das Blockchain-Trilemma aus Sicherheit, Dezentralität und Skalierbarkeit zu lösen.

Bitcoin BTC

Das Jahr 2008 war die Geburt des Mythos Satoshi Nakamoto, der in Japan mit der Arbeit an dem Bitcoin-Konzept begann. Im August desselben Jahres wurde von Oksman, Bry und Kin eine Bitcoin-Website registriert und im Oktober das Whitepaper veröffentlicht, in dem Satoshi die Version einer globalen P2P-Digitalwährung darstellte.

Weitere drei Monate später, im Januar 2009, wurde dann der erste Bitcoinblock, der sogenannte Genesis-Block, gemined und die erste Transaktion in Höhe von 10 Bitcoins von Satoshi an den Computerprogrammierer Hal Finney durchgeführt. Der New Liberty Standard bewertete im Oktober 2009 den Dollar zu 1.309 Bitcoin.

Die erste reale Transaktion von Bitcoin auf einer Blockchain erfolgte dann am 22. Mai 2010, als Laslo Hanyecz, ein Programmierer aus Florida, bei Papa John‘s Pizza kaufte.

Im Juli 2010 wurde dann mit Mount Gox die erste Bitcoin-Börse mit Sitz in Tokio von Jed McChaleb, dem späteren Ripple-Gründer, gegründet und im März 2011 vom französischen Entwickler Mark Karpelés gekauft.

Im Juni 2011 wurde die Börse dann aufgrund eines kompromittierten Computers eines Angestellten gehackt und entwickelte sich dennoch bis 2014 zur weltweit führenden Bitcoin-Börse, welche über 70% aller Bitcoin-Transaktionen durchführte. Im Februar 2014 wurden durch einen erneuten Hack fast 1 Million Bitcoin im Wert von über 1 Milliarde Dollar gestohlen und man musste das Liquidationsverfahren beginnen.

Im April 2018 hatte Bitcoin einen Mining-Meilenstein von 17 Millionen Bitcoins erreicht. Die erwartete Gesamtzahl von 21 Millionen BTC soll bis zum Jahr 2140 erreicht werden.

Die Entwicklung des Bitcoins ist phänomenal und kann wie die kommenden Coins unter folgendem Link auf CoinMarketCap eingesehen werden:

https://coinmarketcap.com/currencies/bitcoin/

Mit Blick auf die zurückliegenden Jahre lässt sich folgende jährliche Wertänderung feststellen:

01.07.2023	30.460 USD	Kursanstieg um 57%
Vor 1 Jahr	19.379 USD	Kursverlust um 53%
Vor 2 Jahren	41.564 USD	Kursanstieg 383%
Vor 3 Jahren	10.845 USD	Kursanstieg um 34%
Vor 4 Jahren	8.104 USD	Kursanstieg um 23%

Vor 5 Jahren	6.602 USD	Kursanstieg um 59%
Vor 6 Jahren	4.163 USD	Kursanstieg um 687%
Vor 7 Jahren	606 USD	Kursanstieg um 255%
Vor 8 Jahren	237 USD	Kursverlust um 37%
Vor 9 Jahren	375 USD	Kursanstieg um 273%
Vor 10 Jahren	137 USD	

Der Einstiegspreis des ersten Bitcoins lag bei 0,0007639419 USD und der Höchstpreis bei 68,789.63. Die bedeutet, falls jemand direkt zu Anfang Bitcoin im Wert von 1 USD gekauft und bis zum Höchststand gehalten hätte, derjenige ein Vermögen von 90 Millionen USD hätte anhäufen können.

Bitcoin-Storys

Die 250 Millionen teure Pizza

Bis zum 22.Mai 2010 war noch niemand auf die Idee gekommen, etwas mit Bitcoins zu bezahlen. Der Programmierer Laszlo Hanyec fand an diesem Tag aber einen Verkäufer und kaufte am bei Papa John's Pizza für 10.000 Bitcoin zwei Pizzen. Er bezahlte damals umgerechnet rund 40 US-Dollar und heute entspräche dies bei einem Kurs von 25.000 USD insgesamt 250 Millionen.

Unter Usern von Kryptowährungen wird am 22. Mai seitdem der sogenannte Pizza-Day gefeiert und man kauft sich Pizzen, die man mit Bitcoin bezahlt.

Entsorgte Festplatte

Auf der Verliererseite hingegen steht mit James Howells ein britischer IT-Fachmann und Bitcoin-Miner. Nach dem Start von Bitcoin schürfte Howells 7.500 Bitcoins. Als der Laptop eines Tages kaputtging, zerlegte er das Gerät, verkaufte die

Einzelteile und verwahrte die Festplatte, auf der sich die Wallet mit den Bitcoins befand. Eines Tages, während einer Aufräumaktion, schmiss er sie aber unachtsam weg. Ein Fehler, der ihn bereits Ende 2013 zu einer Suchaktion auf einer Müllhalde im Süden von Wales motiviert haben soll. Damals ging es um 7,5 Millionen Dollar, heute wären es weit über 100 Millionen Dollar. Bislang blieb die Suche ohne Erfolg.

Ethereum ETH/ETC

Vitalik Buterin, ein russisch-kanadischer Programmierer, sah das Potenzial, die Blockchain für andere Zwecke als die von Bitcoin zu nutzen und drängte auf eine Skriptsprache, um die Anwendungsentwicklung auf der Chain zu ermöglichen. Nachdem sein Vorschlag abgelehnt wurde, schlug er daher Ende 2013 die Entwicklung einer neuen Plattform namens Ethereum vor. Sie gibt Entwicklern die Möglichkeit, auf einfache Weise Anwendungen zu programmieren und zu starten, ohne dass diese ihre eigene Blockchain programmieren müssen.

Für den Aufbau des Netzwerks wandte man sich in einem Crowdsale an die Krypto Community und ermöglichte Investoren und zukünftigen Nutzern, „Ether“ im Austausch gegen Bitcoin zu erwerben. Diese tauschte das Team dann in Dollar und nahm insgesamt 18,4 Millionen dadurch ein.

Das Ethereum-System ging am 30. Juli 2015 mit 72 Millionen Coins online und die Entwicklung von Ethereum steht der von Bitcoin in fast nichts nach.

Der Einstiegspreis lag bei 0,30 USD und der Höchststand bei 4,891.70 USD, was einer Kurssteigerung von 16.305% entspricht. Mit einem Einstiegsinvestment in Höhe von

61,33 USD hätte man auch hier zum Millionär werden können.

Ethereum Stories

DAO Hack und Hard Fork

Die DAO war 2016 der erste Versuch, eine dezentrale autonome Organisation zu gründen. Über eine Schwarmfinanzierung konnten 140 Millionen US-Dollar als Startkapital in Ether eingesammelt werden. Es handelte sich dabei um einen virtuellen Risikokapitalfonds, den die Investoren der DAO verwalten. Er wurde auf der Ethereum-Blockchain ohne zentrale Instanz aufgebaut.

Mitte Juni des Jahres konnte ein Angreifer rund 1/3 der Ether stehlen und stoppte den Vorgang aus unerklärlichen Gründen. Möglich war das, weil sich eine unsicher umgesetzte Abhebungs-Funktion ohne Prüfung eines Kontostands wieder und wieder aufrufen ließ.

Hier ist aber wichtig, zu wissen, dass dies keine Schwachstelle der Ethereum Blockchain war, sondern ein Fehler im Smart Contract.

Die Ethereum-Community entschied sich dazu, den Hack auf der Blockchain durch einen Hard Fork rückgängig zu machen. Da aber nicht jeder in der Community diesen Schritt absegnete, spaltete sich die Kryptowährung Ethereum Classic ab, wo der Angreifer seine Beute behielt.

https://coinmarketcap.com/currencies/ethereum/

Altcoins

Bei Altcoins handelt es sich nicht wie man vom Namen her erwartet um „alte Coins“, sondern um „alternative Kryptowährungen“. Ein Altcoin umfasst somit in der Regel alle Kryptowährungen außer Bitcoin.

Bei Bitcoin tauchten jedoch auch Probleme auf, welche man im Vorfeld nicht erahnen konnte. Zu den bekanntesten gehören:

- Skalierungsprobleme
- Ineffizientes Mining
- Hohe Transaktionsgebühren

Hier kommen die Altcoins mit ihren alternativen Projekten, verschiedensten Funktionsweisen und Technologien ins Spiel mit dem Ziel, eine bessere Lösung als Bitcoin zu bieten. Hinzu kommt, dass andere den Erfolg von Bitcoin nachahmen möchten, wobei es bis heute kein Altcoin geschafft hat, die Marktkapitalisierung von Bitcoin zu übertreffen.

Jedoch bieten Altcoins für Investoren und Anleger besonderes Potenzial, da sie im Vergleich zu Bitcoin eine stärkere Kursentwicklung nehmen können, und dies sowohl nach unten als auch nach oben.

Binance Coin BNB

Der aktuell bekannteste Altcoin ist BNB, der 2017 veröffentlichte Coin von Binance, welche heutzutage eher als DeFi-Plattform und weniger als klassischer Handelsplatz zu sehen ist.

Besitzer dieses Coins profitieren von geringen Gebühren, die beim Handel auf Binance anfallen, wodurch man Nutzer an die Börse binden wollte, was Binance dann auch wichtige

Wettbewerbsvorteile in dem umkämpften Markt der Krypto-Börsen einbrachte. Darüber hinaus können Besitzer einer Kreditkarte der Börse durch deren Nutzung attraktive Cashbacks in Höhe von bis zu 8% erhalten.

Ebenso kann BNB als Zahlungsmittel genutzt oder für eine Vielzahl von Kryptowährungen als Handelspaar verwendet werden. Außerdem können Anleger in innovative Projekte auf der Binance Chain investieren und gleichzeitig macht der vierteljährliche Coin Burn BNB auch für langfristige Anleger durch das immer geringer werdende Angebot interessant. Insgesamt soll die Hälfte der BNB geburnt werden, was langfristiges Kurswachstum verspricht.

Der Einstiegspreis lag bei 0,11 USD und der Höchststand bei 669,35 USD, was einer Kurssteigerung von 6.085% entspricht. Mit einem Einstiegsinvestment in Höhe von 164,34 USD hätte man ebenfalls hier zum Millionär werden können.

Binance Stories

Binance wurde 2017 in China gegründet. Da die Regierung den Handel von Kryptowährungen jedoch im gleichen Jahr verbot, verlegte Binance seinen Hauptsitz von China nach Japan.

Im Mai 2019 musste Binance bekannt geben, dass durch einen Hack 7.000 Bitcoins im Wert von rund 40 Millionen US-Dollar verloren gegangen waren. Daraufhin schloss die Börse für eine Woche und erstatte danach die gestohlenen Gelder auf eigene Kosten an seine Nutzer zurück.

Im Oktober 2020 berichtete Forbes über ein internes Dokument, das aufzeigte, wie Binance die Regulierungsbehörden in den Vereinigten Staaten absichtlich täuschte und US-Kunden habe, welche es offiziell nicht führen darf. Einen Monat später zeigte sich, dass Binance seine US-Nutzer aus der App schmiss und im Mai 2021 wurde Binance schließlich sowohl vom Internal Revenue Service als auch vom US-Justizministerium wegen Vorwürfen von Geldwäsche und Steuerdelikten untersucht.

https://coinmarketcap.com/currencies/bnb/

Stablecoins:

Stablecoins sind digitale Währungen, welche in der Regel an stabile Werte wie den US-Dollar oder Gold gekoppelt sind, und sollen helfen, die Volatilität im Verhältnis zu den anderen Kryptowährungen zu verringern, und weisen einen stetigen Kurswert von 1 USD auf.

Vorteile von Stablecoins sind:

- Geringe Volatilität und die Gewissheit, dass der Wert nicht unerwartet steigt oder abfällt
- Weltweite leichte Übertragungsmöglichkeit ohne Bankkonto
- Zinseneinnahmen höher als bei regulären Banken
- Niedrige Überweisungsgebühren

Stablecoins werden meistens auf der Ethereum-Blockchain ausgeführt. Zur Gewährleistung der Stabilität sind sie durch einen Vermögenswert oder eine vertrauensvolle Kreditzusage gedeckt.

Die Deckung geschieht neben Fiat-Währungen auch durch Rohstoffe wie Gold, andere Kryptowährungen (DAI) oder algorithmische Mechanismen (AMPL).

Die effektive Deckung eines Stablecoins erfolgt über das sogenannte Kollateral, mit welcher ein entsprechender Wert hinterlegt wird. Dies ist essenziell, da Stabilität nur dann gewährleistet werden kann, wenn die Investoren jederzeit ihren Einzahlungswert zurückerhalten können.

Die Größe des Kollaterals ist daher bei Investitionen in Stablecoins zu berücksichtigen. So gibt es zum Beispiel Stablecoins wie USDC mit Volldeckung, wo für jeden USDC jeweils ein USD gehalten wird. Ebenso gibt es aber auch Stablecoins mit partieller Deckung, ohne Deckung mit Vertrauen in die ausgebende Instanz und mit Überdeckung (insbesondere bei Deckung mit anderen Kryptowährungen).

Inzwischen sind bereits Milliarden von Dollar in Stablecoins geflossen und sie gehören zu den beliebtesten Möglichkeiten, Vermögenswerte aufzubewahren oder mit ihnen zu handeln.

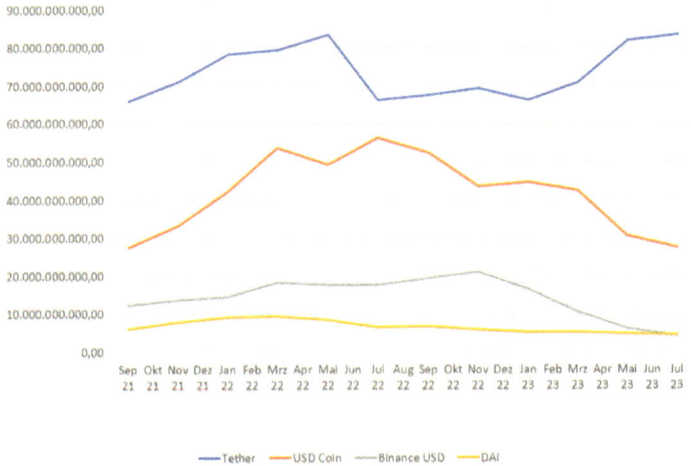

Abbildung: Entwicklung der Marktkapitalisierung der vier größten Stablecoins

USD Coin

Der Wert von USDC soll beispielsweise möglichst nah an 1 USD bleiben und wird durch tatsächliche aufbewahrte US-Dollar in Form von Barreserven oder US-Bundesanleihen gedeckt. Monatliche Überprüfungen sowie die Verwaltung durch regulierte Finanzbehörden stellen diese Hinterlegung sicher. Das Ergebnis dieser Prüfungen ist für jeden Interessierten öffentlich einsehbar.

Bei USDC handelt es sich um einen ERC-20 Token, welcher auf der Infrastruktur von Ethereum aufbaut, was ein stabiles Netzwerk gewährleistet. USDC lässt sich jedoch nicht nur auf der Ethereum-Blockchain nutzen, sondern unter anderem auch auf Algorand, Avalanche, Solana und Tron. Das Ökosystem und die unterstützten Blockchains werden stetig erweitert.

https://coinmarketcap.com/currencies/usd-coin/

Der UST Fall Mai 2022

Der Stablecoin TerraUSD oder UST war damals vollständig abgestürzt, verlor seine Bindung an den Dollar in Höhe von 1 $ und sank auf einen Tiefstand von unter 0,01 $.

Manche sprechen von einem gescheiterten Experiment, andere von einem Scam. Über 38 Milliarden US-Dollar wurden innerhalb einer Woche vernichtet.

UST ist ein algorithmischer Stablecoin auf der Terra Blockchain und wurde mit einer komplexen Mischung aus Code und Luna gedeckt, wobei dieser sich dabei an der Wertentwicklung des US-Dollars orientierte. Er wird somit nicht mit USD-Sicherheiten gedeckt, sondern setzt ausschließlich auf Marktanreize, um die Dollar-Bindung aufrechtzuerhalten.

Genau hier kommt LUNA, die Kryptowährung der Terra-Blockchain, ins Spiel, dessen Zweck es ist, die Dollar-Anbindung von TerraUSD zu decken. Aus diesem Grund wurde Terra so konzipiert, dass die Wechselrate zwischen LUNA und TerraUSD stets gleichbleibt. Besitzer von TerraUSD können demnach jederzeit einen Stablecoin burnen und dafür im Gegenzug LUNA im Wert von 1 US-Dollar minten und andersherum.

Durch diese feste Wechselrate sollte die Stabilität garantiert werden und Arbitrage sollte dafür sorgen, dass das ganze System im Gleichgewicht bleibt.

Wenn also der Wert von TerraUSD zu stark unter den Wert von 1 US-Dollar zu fallen drohte, schuf der Mechanismus automatisch einen konkreten Anreiz für Coin-Holder und Händler, mehr TerraUSD zu kaufen.

Beispiel Arbitrage:
TerraUSD sinkt auf 0,97 US-Dollar. Ein Anleger kauft nun 10.000 TerraUSD im Wert von 9.700 US-Dollar auf einem Marktplatz und wandelt diese danach direkt in LUNA zum festen Kurs von 1,00 US-Dollar um. Hierfür erhält er 10.000 USD und es steht ein Gewinn von 300 US-Dollar zu Buche.

Eines der wichtigsten Teilstücke war dabei das Anchor Protocol – ein Leih-/Verleih-Protokoll. Nutzer von Anchor konnten dort eine Reihe von Token als Sicherheit deponieren und im Gegenzug dafür TerraUSD leihen. Gleichzeitig konnten Nutzer auf Anchor TerraUSD deponieren und dafür Zinsen im Wert von 20 Prozent jährlich erhalten. Rund 70 Prozent aller in Zirkulation befindlichen TerraUSD-Token waren zeitweise auf Anchor deponiert und dadurch maßgeblicher Antreiber hinter dem Erfolg von Terra, TerraUSD und LUNA. Wie sich herausstellte, konnte Anchor sich dieses

Modell nicht leisten und wegen der Zinszahlungen begann eine immer größere Lücke zwischen den Einnahmen und Ausgaben zu klaffen. Tatsächlich hatte das Ganze eine gewisse Ähnlichkeit zu einem Schneeballsystem und einige der größten Inhaber tätigten Abhebungen in Millionenhöhe, was zu einem Abwärtsdruck führte.

Normalerweise hätte nun die Arbitrage greifen und den Wert von TerraUSD wieder stabilisieren sollen. Allerdings hat dieses System einen entscheidenden Schwachpunkt, der ausgenutzt wurde: Die Arbitrageure kauften TerraUSD, wandelten dieses auf der Terra-Chain in LUNA um und verkauften ihre LUNA-Token anschließend wieder auf einem Marktplatz wie Binance, um den Gewinn einzustreichen. Dies führte zu einer massiven Downsize des LUNA-Kurses, welcher aufgrund der allgemeinen Schwäche am Kryptomarkt zu diesem Zeitpunkt ohnehin bereits unter Druck gestanden hatte.

Daher kam es zu einem Vertrauensverlust und Verkauf vieler Anleger, was den Preis von LUNA weiter absacken ließ. Für die Stabilisierung von TerraUSD mussten nun immer mehr LUNA für die gleiche Menge an TerraUSD geminted werden, was wiederum das LUNA-Angebot auf dem Markt explodieren ließ.

Die Folge war eine sogenannte Todesspirale, bei welcher der LUNA-Kurs immer weiter einbrach. Schließlich brach der Balance-Mechanismus von Terra (LUNA) komplett zusammen und damit musste TerraUSD seine Anbindung an den Dollar aufgeben. Dadurch erhielt LUNA endgültig den Todesstoß.

Meme Coins

Eine Meme Coin ist an sich eine „normale" Kryptowährung, wobei die Entwickler solcher Coins mit diesem meist ein bestimmtes Statement abgeben wollen. Sie sind meist Spaßwährungen und haben kaum Nutzen. Die Kluft zwischen einem guten und schlechten Coin ist hier sehr klein. So gibt es viele seriöse Coins, aber auch einige, die zum Betrug ausgelegt sind.

So wurde die Doge Coin entwickelt, um sich über Bitcoin und diverse Alt Coins lustig zu machen. Meme Coins beinhalten ein großes Risiko, bieten aber häufig auch aufgrund niedriger Einstiegspreise ein größeres Kurspotenzial als etablierte Kryptowährungen.

Die 3 größten Meme Coins sind:

- Doge-Marktkapitalisierung: 27 Milliarden Euro
- Shiba-Inu-Marktkapitalisierung: 9 Milliarden Euro
- Dogelon-Mars-Marktkapitalisierung: 252 Mio. €

  Ein positives Beispiel ist Dogelon Mars, welche gleich zwei Dinge parodiert:

- Spielt auf Doge Coin an
- Bezug auf Elon Musk (DogELON) und seiner Vision zum Mars zu fliegen

Ein negatives Beispiel hingegen ist der Squid Game Coin als Parodie auf die gleichnamige Netflixserie, welcher eine unvorstellbare Kursentwicklung hinlegte. In nur sieben Tagen stieg der Kurs von 0,01 USD auf über 2850 USD. Wie sich jedoch zeigte, sammelten die Gründer des Coins das Geld der Anleger ein und verschwanden.

Bei Investitionen in Meme Coins ist zu empfehlen, nur Coins zu erwerben, welche auf den seriösen

Handelsplattformen verfügbar sind, da die Coins dort vorher einer gründlichen Analyse unterzogen werden.

Der Einstiegskurs von Dogecoin lag bei 0,0002 USD und sein Höchststand lag bei 0,6848 USD, was einer Steigerung von 3.424% entspricht. Eine Investition in Höhe von 292,06 USD hätte einen somit auch hier zum Millionär machen können, wären Kauf- und Verkaufszeitpunkt optimal getroffen worden.

https://coinmarketcap.com/currencies/dogecoin/

Shitcoins

„Shitcoin" ist eine abwertende Bezeichnung für eine wertlose Kryptowährung bzw. einen wertlosen Altcoin, der sein Potenzial nie entfalten konnte oder sich als Betrug (Scam) herausstellte.

Mit Shitcoins sind also neue Kryptowährungen gemeint, die mehr versprechen, als sie halten, und deren Wert- oder Totalverlust vorprogrammiert ist. Unter den über 10.000 Kryptowährungen, die notiert werden, gibt es etliche Beispiele solcher Coins, deren Projekte aus unterschiedlichen Gründen gescheitert sind. Dazu kommen Dutzende von Altcoins, die im Verdacht stehen, sich zu Shitcoins zu entwickeln.

Hinsichtlich der Scams folgen Shitcoins meist einem Muster. So wird der Shitcoin zunächst zu einem relativ niedrigen Preis angeboten und die Ersteller bewerben den Coin mit der Technologie und den Werten, die dahinterstehen. Im Anschluss explodiert der Kurs und vervielfacht sich. Bereits nach wenigen Tagen tritt eine Änderung ein. Der Shitcoin fällt auf den alten Kurs zurück und entwickelt sich in Richtung Null.

Merkmale für einen Shitcoin:
- Fehlendes durchdachtes Whitepaper
- Team ist unbekannt oder hat Mitbegründer, die bereits in der Vergangenheit aufgefallen sind
- Das Team behält große Mengen des neuen Coins für sich selbst
- Es gibt bereits viele ähnliche Konzepte
- Sehr niedriges Handelsvolumen

Coins vs. Token

Der grundlegende Unterschied von Coins zu Token ist, dass Token keine eigene Blockchain haben, sondern die Blockchain anderer Coins nutzen und über deren Smart Contracts zur Transaktionsabwicklung operieren.

Darüber hinaus können Token von einer Wallet physisch zur nächsten bewegt werden, wobei Coins immer auf der Blockchain verbleiben und lediglich verbucht werden. Token können im Vergleich zu Coins auch Assets abbilden und haben in der Regel klare vordefinierte Verwendungszwecke.

Grundsätzlich haben Token eine niedrigere Liquidität als Coins, jedoch lassen sie sich einfach und ohne großen Aufwand kreieren.

In unserer realen Welt sind uns Token als Casino Chips, Aktien, Gutscheine, Schuldverschreibungen oder Mitgliedsausweise bekannt. In der digitalen Welt lassen sich jedoch weitere Dinge „tokenisieren“.

Es gibt in der Kryptowelt Payment Token, Utility Token, Security Token, Non-Fungible-Token, Platform Token,

Reward Token, Governance Token, Fan Token, Gaming Token und Social Token. Im Folgenden werden die wichtigsten von ihnen genauer angeschaut.

Security Token

Security Tokens sind Anteile an Unternehmen oder realen Gegenständen und vergleichbar mit Wertpapieren oder Aktien, allerdings nur in digitaler Form.

Der Unterschied zu einer traditionellen Aktie ist der Wechsel von Urkunde zu Token und der Wechsel von Wertpapierregistern und Clearingstellen zu einer Blockchain-Infrastruktur.

Security Token unterliegen behördlichen Regularien, bieten gewisse Sicherheitseigenschaften und werden nach entsprechender Überprüfung bei einem Security Token Offering (STO) ausgegeben. Ihre Besitzansprüche wie auch ihr Gegenwert sind somit definiert.

Bei einem solchen STO benötigt das herausgebende Unternehmen anstelle eines Whitepapers dafür Wertpapier- und Vermögensanlagenprospekte, also gesetzlich vorgeschriebene Informationsblätter, die dann wiederum zunächst behördlich geprüft werden.

Die Reichweite dieser Security Tokens ist durch die Möglichkeit zum globalen Handel und den Vorteil von blockchain-basierten Smart Contracts uneingeschränkt.

Bei den Security Token wird nochmals in fünf weiteren Typen unterschieden. Die Equity Token, Debt Token, Real Asset Token, Hybrid Convertible Token und Derivate Token.

Ein Token ist ein Security Token, wenn die folgenden Punkte alle erfüllt sind:

- Der Token ist eine Form der Geldanlage
- Das Geld fließt an ein Unternehmen
- Gewinnerwartung durch Investoren
- Gewinnerwirtschaftung durch Dritte

Vorteile:

- Sicherheit durch Regulierung
- Geringere Kosten und Beschleunigung der Vorgänge für Anleger durch das Wegfallen von Mittelsmännern
- Globaler Markt und weltweit einfache Umsetzung des Investments (keine Beschränkungen auf einzelne Länder)
- Breitere Investorenbasis
- Besteuerung: Payment Token etwa 30 % Gewerbe- und Körperschaftssteuer, beim Utility Token zusätzlich noch 19 % Umsatzsteuer und beim Security Token entfällt diese komplett

Nachteile:

- Neuer Markt und ungewisse rechtliche Lage mit der Gefahr der Regulierung
- Beschränkung des Sekundärmarktes, da Security Token in der Regel nicht beliebig weiterverkauft werden dürfen
- Akkreditierung der Anleger mit jährlichem Einkommen über 200.000 oder Netto-Vermögen von 1 Million

Vergleich tokenisierter Wertpapiere gegenüber traditionellen Wertpapieren:

- 65% geringere Kosten
- 99% schnellere Abwicklung

- 24/7 Übertragbarkeit
- 100% mehr Transparenz

Utility Token

Utility Token nehmen den größten Teil der Token-Projekte ein und können als Tauschmittel betrachtet werden.

Bei ihnen handelt es sich um Token, die ein Nutzungsrecht für reale wirtschaftliche Dienstleistungen oder Produkte mit sich bringen. Sie geben ihrem Eigentümer die Möglichkeit, Zugang zu einer Plattform zu erhalten und dort Dienstleistungen, Funktionalitäten oder Abstimmungsrechte zu erhalten. Dies ist der Grund, weshalb sie auch als eine Art Membership gesehen werden.

Utility Token dürfen keine Anreize haben und Anlegern somit keine Art der Rendite in Aussicht stellen. Fan Token fallen beispielsweise in den Bereich der Utility Token.

Voraussetzungen:

- Keine monetären Anreize und keine Ausschüttung von Belohnungen
- Keine Proof-of-Stake-Rewards
- Kein Burnen der Tokens

Eigenschaften:

- Klarer Zweck und klarer Einsatzbereich
- Bestehende Blockchains als Basis (ERC-20 Token auf Ethereum-Basis)
- Keine eigenständige Blockchain
- Ausrichtung auf spezielle Nutzergruppe

Allgemein lässt sich festhalten, dass Utility Token keine Anlage oder Beteiligung an einem Unternehmen darstellen. Investoren haben keine Garantien und daher versucht jeder, nach Möglichkeit das Projekt zu unterstützen und voranzubringen. Investoren sind in der Regel daher auch Stakeholder und Werbebotschafter.

Non-fungible-Tokens

Definition laut Wikipedia für Non-Fungible-Token:

„Ein Non-Fungible Token (NFT) ist ein kryptografisch eindeutiges, unteilbares, unersetzbares und überprüfbares Token, das einen bestimmten Gegenstand, sei er digital oder physisch, in einer Blockchain repräsentiert. Während NFTs mit der Blockchain dieselbe Technologie benutzen wie Kryptowährungen, sind sie im Unterschied zu diesen einmalig und nicht teilbar (non-fungible, dts.: „nicht austauschbar"). Ein NFT kann nur als Ganzes erworben werden und existiert nur ein einziges Mal – anders als bei der Möglichkeit, beispielsweise 0,05 Ethereum zu erwerben, bei der es für den Wert keine Rolle spielt, an welchem davon man einen Anteil erwirbt."

https://de.wikipedia.org/wiki/Non-Fungible_Token

Es handelt sich bei NFTs also um nicht austauschbare digitale Objekte, welche einen Eigentumsbeweis an einer Sache oder einem Objekt darstellen.

NFTs sind der Kunstmarkt im Blockchain-Umfeld und sind eine Möglichkeit, jeden Gegenstand (einschließlich Kunstwerke) als Ethereum-basierten Vermögenswert darzustellen, der Urhebern mehr Macht und Rechte einräumt als jemals zuvor in der Geschichte. Seit Jahrhunderten verkauften

Künstler ihre Originale und Kunsthändler konnten diese zu astronomisch hohen Preisen weiterverkaufen, ohne dass der Künstler partizipierte. Durch NFTs ist es nun möglich, dass der Urheber bei jedem Verkauf Tantiemen erhält.

Besonders finden sie aktuell Anwendung im Bereich digitale Kunst, Musik und Computerspielen. So können sie in letzteren zum Beispiel verschiedene digitale Besitztümer oder nutzbare Ausrüstungsgegenstände repräsentieren. Inzwischen gibt es aber auch bereits erste NFT-Grundstücke im Metaverse. So wurden im virtuellen Ökosystem „The Sandbox" innerhalb von sieben Tagen NFT-Grundstücke im Wert von mehr als 86 Millionen US-Dollar verkauft.

Verwaltet werden sie unter anderem über Smart Contracts und in der Regel enthält ein NFT nur einen Verweis auf einen digitalen Inhalt, der auf einem Server gespeichert ist. Dieser enthaltene Verweis wird dann in einer Blockchain gespeichert.

Hinsichtlich der Besitzdokumentation hilft die Blockchain-Technologie. Da aufgrund des einzigartigen Hash-Werts jeder Block eindeutig identifiziert werden kann, sind Fehlinformationen auszuschließen, wodurch sich ein NFT ideal für die Dokumentation von Besitzverhältnissen einzigartiger digitaler Sammlerobjekte eignet.

Hierbei ist zu beachten, dass ein digitales Kunstwerk nicht beliebig oft heruntergeladen und vervielfältigt werden kann. Als Besitzer eines NFT-Kunstwerkes besitzt man das Original, was wiederum in der Blockchain verbrieft ist. Dadurch unterscheidet sich ein NFT nicht von einem Kunstwerk von Pablo Picasso, von dem es auch nur ein Original gibt, aber viele Kopien.

Einzigartig auf dem NFT-Markt sind limitierte Kunstsammlungen wie Cryptopunks oder Bored Ape Jacht Club, wo jede Kollektion auf 10.000 digitale Kunstwerke limitiert ist.

Insgesamt hat sich der NFT Markt sehr schnell zu einem Marktplatz entwickelt, in dem Milliarden umgesetzt werden.

Mike Winkelmann, bekannt als Beeple, erstellte beispielsweise ein NFT aus einer Collage von 5000 digitalen Bildern.

Diese Everydays Serie wurde 2021 dann bei Christie‘s für 69,3 Millionen Dollar verkauft.

Ein großer Vorteil für Künstler, aber auch für Musiker ist es, dass über NFTs eine Trennung der Eigentum- und Nutzungsrechte, sowie im Copyright vorgenommen werden kann. Dadurch ist es diesen möglich, stetig an Verkaufs- & Nutzungsgebühren ohne Mittelsmänner zu partizipieren, was bis dato nur über Verlage oder Musikgesellschaften möglich war.

Quelle: Wikipedia

Die Anwendungsbereiche für NFTs sind schier unbegrenzt und reichen von Modeartikeln bis hin zum Ticketing, um fälschungssichere Eintrittskarten zu vermarkten, wodurch auch der Schwarzmarkt unterbunden werden kann.

Wo man sich früher versucht hat, sich über Markenkleidung zu definieren, so geschieht dies heute meist über Social Media wie beispielsweise Instagram. Hier findet man jedoch selten Originaldokumente, sondern meist gefälschte oder bearbeitete Bilder. Die Zukunft könnte sein, dass man seine Statussymbole in seiner Wallet speichert und jeder einsehen kann, was man alles besitzt. Der zusätzliche Unterschied ist, dass hier alles für jeden einsehbar ist und man Fälschungen sehr schnell erkennt.

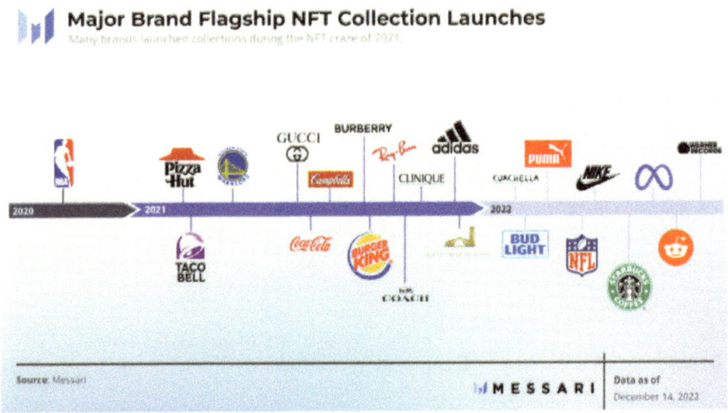

Quelle: https://ressources.messari.io/pdf/messari-report-crypto-theses-for-2023.pdf

Fan Token

Fan-Token sind eine Form von Kryptowährung, die den Inhabern Zugang zu einer Vielzahl fanbezogener Mitgliedschaftsvorteile wie Abstimmung über Clubentscheidungen, Belohnungen, Merchandising und einzigartige Erlebnisse bietet.

Sie können von Sportvereinen genutzt werden, um demokratische Abstimmungen durchzuführen, wenn es beispielsweise um das Trikot für die neue Saison geht. Sie unterstützen die Vereinsführung und können ebenso zu organisatorischen Zwecken genutzt werden.

Fan-Token sind vollständig austauschbar, was bedeutet, dass die Token genau wie Bargeld gegen Sportvereinsartikel, VIP-Erlebnisse und mehr eingetauscht werden können. Darüber hinaus spielen sie eine wichtige Rolle bei der Festigung der Fangemeinde, indem sie dieser Mitsprachemöglichkeiten und Beteiligungsrechte einräumen.

Fan-Token sind Kryptowährungen, denen keine Wertprinzipien wie Bitcoin zugrunde liegen. Sie erhalten ihren Wert davon, wie sehr Fans es schätzen, am Club teilnehmen zu können und einzigartige Vorteile zu erhalten.

Fans können also digitale Token kaufen und sie wie andere Kryptowährungen handeln. Beim Handel wird der Preis eines Fan-Tokens in der Regel vom Verkäufer festgelegt, welcher sich je nach Marktbewegung und der aktuellen Beliebtheit des Tokens ändern kann. Mit dem Erwerb eines solchen Fan-Tokens erhalten die Käufer dann das Recht, über eine Vielzahl von Angelegenheiten abzustimmen, die ihren Lieblingsclub betreffen.

Dadurch fühlen sich die Fans stärker in den Club eingebunden, den sie bereits unterstützen, und sie fügen ein zusätzliches Maß an Stolz und Prestige hinzu, da ihre Fan-Token wahrscheinlich an Wert gewinnen werden, wenn sich der Club im Laufe der Zeit positiv entwickelt.

Fan-Token schaffen so eine exklusive Gemeinschaft der engagiertesten Fans. Sie bieten Fans eine neue Möglichkeit, an einem aufregenden Abstimmungs- und Belohnungssystem teilzunehmen. Je mehr Fan-Token sie besitzen, desto mehr Einfluss haben sie auf den Verein und desto mehr Loyalität zeigen sie ihrem Team.

Die wohl bekannteste Kryptowährung ist Chiliz, welche Fan-Token im Tausch mit ihrer eigenen Währung auf ihrer Plattform Socios.com anbietet und bereits einige große Fußballclubs als Partner gelistet hat.

Der Tiefstand des Tokens lag bei 0,003671 € und das Allzeithoch bei 0,8181 €, was einer 223-fachung des Preises entspricht. Mit einem Startinvest von 4.487 € hätte man zum Millionär werden können.

Hier möchte ich aber nicht verpassen, von meinem eigenen Projekt zu reden. Hierbei handelt es sich um die Kryptowährung Starzz (SRZ) mit der dazugehörigen Plattform Supporterzz.com, wo neben Fan-Token von Sportvereinen auch Fan-Token von Sportlern und Prominenten wie Künstlern oder Musikern erworben werden können, und das alles zu geringeren Gebühren als bei Chiliz.

Auch bietet Starzz den Token-Inhabern deutlich mehr Services und Use Cases, als es andere existieren Projekte tun. So hat man neben den bereits erwähnten Möglichkeiten Zugang zu NFTs (u.a. auch Tickets), Live Streaming, Social Media und vielem mehr.

Darüber hinaus planen wir, einen Fußballverein zu kaufen, diesen als DAO bzw. DAC (Decentralized Autonomous Club) laufen zu lassen und den dazugehörigen Fan-Token anzubieten. Mit Hilfe der DAO wird es bei diesem Projekt dann möglich sein, dass Fans über sämtliche Vorgänge von Spielertransfers über Investitionen bis hin zur Ausrichtung des Vereins entscheiden. Alle Entscheidungen werden basisdemokratisch von den Fans getroffen und über einen Smart Contract oder einen ausführenden Manager umgesetzt. Damit wollen wir den Fans, die mit Hingabe und Leidenschaft den Verein begleiten, wichtige Vereinsentscheidungen übertragen.

Unsere Website und das entsprechende Whitepaper findet ihr hier: www.starzz.eu

Governance Token:

Governance Token sind eine besondere Form von Utility Token, die Stimmmacht in einem Blockchain-Projekt repräsentieren und meist in DeFi-Projekte integriert sind.

Governance Tokens werden genutzt, um die Kontrolle über ein bestimmtes DeFi-Projekt gerecht und sicher in der Community aufzuteilen. Mit diesen Token kann man dann Vorschläge erstellen und über Entscheidungen abstimmen. Dadurch gewinnt man Einfluss über die Richtung und Eigenschaften eines Protokolls. So können beispielsweise die Benutzeroberfläche geändert, die DEX-Gebühren neu verteilt oder Entwicklungsgelder anders verwendet werden. Somit erhalten Besitzer der Coins Stimmrechte, um in verschiedensten Abstimmungen maßgeblich über die Zukunft eines Krypto-Projekts mitentscheiden zu können. Mit der Ausgabe solcher Token erhalten die Projekte also vorrangig finanzielle Mittel, um die Protokolle auf Wunsch der Community zu verbessern, anzupassen und voranzutreiben.

Es erinnert an Demokratie, jedoch wird das Stimmrecht über die Anzahl der Tokens gewichtet, sodass Inhaber vieler Governance-Token mehr Einfluss besitzen als andere mit weniger Token.

Vorteile:

- Community entscheidet
- Sicheres und dezentralisiertes System
- Können einfach auf Kryptowallets gespeichert werden
- Vielseitige Einsetzbarkeit
- Wertsteigerungen bei erfolgreicher Entwicklung des Projekts

Nachteile:

- Mitbestimmungsrecht ist von der Token Anzahl abhängig
- Halten der Tokens lediglich für Wertsteigerung möglich

Bekanntester Coin ist Uniswap. Der Tiefstand des Tokens lag bei 0,3846 € und das Allzeithoch bei 42,29 €, was einer 107-fachung des Preises entspricht. Mit einem Startinvest von 9.315 € hätte man in diesem Beispiel zum Millionär werden können.

Decentralized Finance

DeFi steht für „Decentralized Finance" und ist ein dezentrales System ohne die Mittelsmänner der klassischen Finanzindustrie. Das Investieren, Vergeben und Aufnehmen von Krediten sowie die Konstruktion von Finanzderivaten zum Shorten oder Hebeln läuft hier lediglich über die Blockchain und Smart Contracts (in der Regel von Ethereum).

Ethereum ist hierbei zuständig für die Ausführung dezentraler Anwendungen (DApps), welche nicht von einer dritten Partei abhängig sind. Smart Contracts erlauben eine vollautomatische Abfrage und Bestätigung von Zinsgeschäften und Anlagen.

Das klassische Finanzwesen ist hingegen auf Banken aufgebaut, die Dienstleistungen und Verträge in Filialen verkaufen. Das Problem dieser Banking-Lösung ist die Zeit- und Kostenfrage. Im Vergleich zu modernen DeFi-Anwendungen kann ein Mitarbeiter in einer Bankfiliale kaum mit den preiswerten und schnellen Lösungen mithalten. Dadurch ergeben sich für Anleger im DeFi-Markt auch höhere Renditen als im klassischen Finanzsystem.

Im DeFi gibt es also keine Bank mehr, die Liquidität zur Verfügung stellt, sondern hier geschieht dies durch die Gemeinschaft und den von ihnen gespeisten Liquiditätspool.

Insbesondere in Entwicklungs- und Schwellenländern mit schlechtem oder korruptem Finanzsystem gibt DeFi die Möglichkeit, an diesem System teilzunehmen. Jeder hat von überall auf der Welt zu jeder Zeit Zugriff.

Anwendungsmöglichkeiten:

- Lending
- Borrowing

- Dezentrale Exchanges
- Trading
- Payment
- Yield Farming
- Liquidity Mining

Vorteile:
- Keine Zugangsbeschränkung (Menschen ohne Bankkonto können teilnehmen)
- Keine Öffnungszeiten oder regulatorischen Beschränkungen
- Hoher Schutz der Privatsphäre, da keine persönlichen Daten durch Dritte verarbeitet werden
- Hohe Transparenz durch öffentlich einsehbare Transaktionen
- Kostensenkung durch den Wegfall von Finanzvermittlern und schnelle Abwicklung durch Automatisierung
- Hohe Rendite-Chancen durch Wegfall von klassischen Gebühren

Nachteile:
- Keine Beratung zur Geldanlage „Do your own research"
- Wenig Erfahrungswerte
- Fehlerhaftigkeit von Smart Contracts (Hackerangriffe) und Vertrauen in den Anbieter
- Bedienerunfreundlichkeit
- Eigenverantwortung in der Verwahrung seiner Assets
- Mangelnde Regulierung und fehlender Verbraucherschutz
- Gefahr zur Spekulation und Blasenbildung

Investieren

Was deckt Kryptowährungen?

Setzt man den Vergleich mit Geld, so erfüllt dieses die folgenden Aufgaben:

1.) Stabile Wertaufbewahrung/Wertspeicher
2.) Leicht transportierbar und konvertierbar
3.) Vertrauen durch die Geschichte

Früher wurde Geld durch Gold und Vertrauen in dieses gedeckt, das heutige FIAT-Geldsystem hingegen durch Vertrauen in die Zentralbank und den Staat.

Kryptowährungen sind schneller und leichter konvertierbar, sicherer aufzubewahren und haben lediglich größere Wertschwankungen.

Das Vertrauen in Kryptowährungen ist gedeckt durch die Kryptografie und die Dezentralisierung. Hier gibt es entsprechend kein Vertrauen in eine Instanz, sondern in einen unveränderbaren und sicheren Algorithmus.

Kryptowährungen kaufen

Grundsätzlich empfehle ich, circa 5 bis 10% des verfügbaren Kapitals in Kryptowährungen investieren. Zunächst würde ich die großen Coins Bitcoin und Ethereum kaufen, um Erfahrung im Umgang mit Kryptowährungen zu bekommen. Man sollte auch nicht in zu viele Coins investieren, um den Überblick zu behalten und bei allen Coins immer auf dem aktuellen Stand zu bleiben.

Ebenso macht es Sinn, Fokus auf Diversifikation zu legen. Beispielsweise habe ich selbst aktuell knapp 30% meiner

Assets im Krypto Umfeld liegen und diese auf 7 Coins verteilt, wovon zwei Bitcoin und Ethereum sind.

Diese Assets habe ich zum einen auf meinem Ledger und zum anderen auf drei verschiedenen Plattformen verteilt, wo ich Staking, Lending und Liquidity Mining betreibe.

Ganz wichtig ist es auch, den Handel auf einer soliden und möglichst sicheren Tauschbörse wie Coinbase, Binance, Kraken oder im deutschsprachigen Raum Bitpanda durchzuführen. Auf diesen Tauschbörsen lassen sich dann ganz einfach Euros gegen Bitcoins mit hinterlegtem Bankkonto oder hinterlegter Kreditkarte tauschen, nachdem man den KYC (Know Your Customer) Prozess durchlaufen ist.

Allgemein muss man sagen, dass der Kryptomarkt sehr volatil ist, sich dadurch aber auch deutlich höhere Renditen als am normalen Finanzmarkt erzielen lassen. Wer allerdings bei Kursschwankungen von mehr als 30 oder 40% nicht mehr ruhig schlafen kann, der sollte lieber nicht in Kryptos investieren.

Bei der Wahl der richtigen Börse sollte man folgendes beachten:

- Zugangsmöglichkeit bzw. Zulassung
- Sicherheit und Liquidität in Form von Kollateral
- Gebührenstruktur
- Anzahl handelbarer Coins
- Möglichkeit, Coins an die eigene Wallet zu transferieren
- Anwendbarkeit über eine App
- Struktur und Bedienkomfort
- Datenbereitstellung für die Steuererklärung
- Funktionsumfang (SPOT, Margin-Handel, Futures, Lending, Staking etc.)

Typische Fehler bei Erstanlegern:

FUD (Fear, Uncertainty and Doubt)
Panikverkäufe mit Verlust aufgrund negativer Nachrichtenlage und der hohen Volatilität des Kryptomarktes, sobald die Preise fallen, da man Angst bekommt sowie Unsicherheit und Zweifel vorherrschen

FOMO (Fear Of Missing Out)
Der Moment, das Gefühl zu haben, sofort Gelder zu investieren oder All-In zu gehen, statt in zwei oder mehreren Schritten zu kaufen, da man Angst hat, den gerade aktuellen Anstieg und Hype zu verpassen

Die Wahl der passenden Kryptowährung:

Um für sein Investment die richtige Kryptowährung zu finden, ist es wichtig, eigene Recherche zu betreiben. Hier gibt es verschiedene Punkte, die man sich anschauen sollte:

Die Coinanalyse
Übersicht über Preis, Marktkapitalisierung und Handelsvolumen. Am bekanntesten ist hierfür CoinMarketCap. Sobald ein Coin hier gelistet ist, spricht dies zum einen dafür, dass das Projekt sich gut entwickelt, und zum anderen, dass es sich mit hoher Wahrscheinlichkeit nicht um einen Scam handelt. Neue Projekte lassen sich hingegen gut über www.dextools.io recherchieren.

Die Blockchain
Berücksichtigung des Trilemmas von Sicherheit, Skalierbarkeit und Dezentralität sowie Analyse der Blockchain-Daten (Einsicht in die Wallet, den Token Contract und

Transaktionen). Bei Ethereum ist dies über www.Etherscan.io möglich.

Das Whitepaper

Das Whitepaper ist eine Art Businessplan des Projektes, welches eine Marktanalyse enthält und das Produkt sowie dessen Nutzen klar beschreibt. Ebenso findet man darin das Businessmodel, eine Wettbewerbsanalyse, die Technologie, die Tokenomics, die Mittelverwendung, die Roadmap sowie das Team.

Whitepaper haben grundsätzlich eine Länge von 40-60 Seiten, um einen ersten Eindruck zu erlangen, ob ein Projekt interessant ist. Bevor man sich dem ausführlichen Whitepaper widmet, gibt die Möglichkeit, sich über einen One-Pager oder das sogenannte circa zehnseitige Pitchdeck zu informieren.

Das Whitepaper und den One-Pager meiner Firma findet ihr hier: www.starzz.eu

Der Fragenkatalog:

- Was für Informationen finde ich auf DeFi-Plattformen?
- Welches Problem löst das Projekt und wie groß ist der Wettbewerb?
- Welches Team steht hinter dem Projekt?
- Wie sind die Tokenomics und wie viel erhält davon das Entwicklerteam?
- Gibt es für dieses eine Vesting Period und wie lange dauert diese an?
- Welche Investoren und Partnerschaften hat das Projekt?

Es muss klar erkenntlich sein, dass eine Kryptowährung ein Problem löst und den Nutzern einen Mehrwert bietet. Ist dies nicht der Fall, würde ich von einer Anlage in dieser Kryptowährung abraten.

Ebenso sollte das Team hinter dem Projekt erkenntlich sein und entsprechende Expertise in den unterschiedlichen Aufgabenfeldern mitbringen. Bei den Tokenomics entfallen in der Regel zwischen 10 bis 20% auf das Team. Alles, was höher ist oder keine bzw. nur eine kurze Vesting Period von weniger als drei Jahren hat, deutet auf einen Scam hin und bietet wenig Sicherheit für Investoren.

Die Tokenomics helfen zusätzlich dabei, einen Überblick zu erhalten, wie viele Token auf den Markt kommen, welche Reserven da sind und was an Investoren oder das Advisory Board geht.

Es gibt viele Investoren, die sich lediglich mit den „Blue Chips“ unter den Kryptowährungen befassen und lediglich Top100-Coins kaufen und von allem anderen die Finger lassen.

Das bringt relativ viel Sicherheit. Die großen renditeträchtigen Coins mit dem größten Entwicklungspotenzial findet man hier aber nicht.

Ich habe für mich selbst beispielsweise als Mindestvoraussetzung für ein Investment eine Marktkapitalisierung in Höhe von 100 Millionen Euro und/oder ein tägliches Handelsvolumen von 1 Million Euro festgelegt. Ausnahmen mache ich nur, wenn ich den Gründern vertraue und/oder mich das Projekt vollends überzeugt. Altcoins mit größeren Renditechancen machen hier nur einen kleineren Bruchteil bei mir aus.

Was ist ein Order Book?

Order Books findet man auf zentralen Exchanges und diese bringen Käufer und Verkäufer zusammen. Käufer sieht man beispielsweise links und Verkäufer rechts. Sobald Käufer- und Verkäuferpreise zusammentreffen, matcht die Exchange die Preise miteinander. Der Match ist dann der Verkaufspreis des Coins.

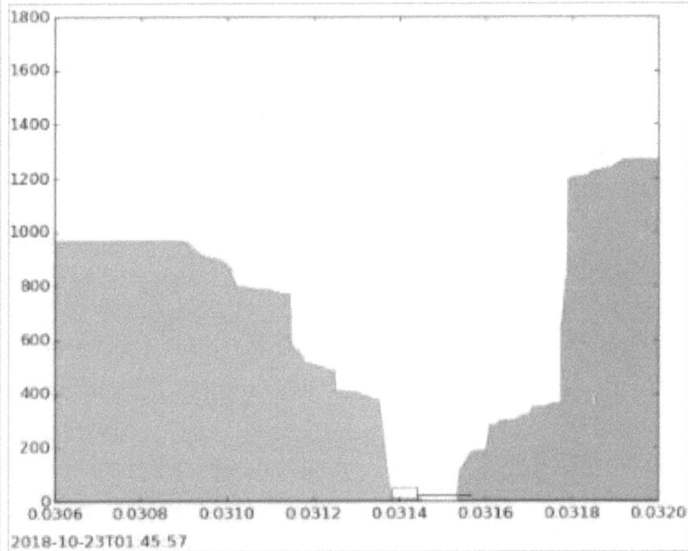

Order book depth chart on a currency exchange. The x-axis is the unit price, the y-axis is cumulative order depth. Bids (buyers) on the left, asks (sellers) on the right.

Quelle: Wikipedia

Dies ist insbesondere rechtlich wichtig, denn eine Exchange hält niemals Coins selbst, sondern diese wechseln direkt zwischen Käufer und Verkäufer. Das ist auch der entscheidende Unterschied zum Broker, der als Mittelsmann zwischen den Parteien fungiert und die Wertgegenstände kurzzeitig selbst hält.

Darüber hinaus ist die zu zahlende Kommission beim Broker, der Käufer sucht, in der Regel deutlich höher als auf einer Exchange, welche eine automatisierte Trading Engine im Hintergrund laufen hat.

Was sagt das Orderbuch aus:

- Übersicht zu durchschnittlichen Verkaufspreisen
- Möglichkeit, sich preislich davor zu positionieren
- Information über die Liquidität im Markt
- Je höher die Liquidität für einen Coin, desto besser
- Erkennen von Buy-Walls, wo jemand sehr hohe Summen zum Verkauf anbietet
- Mögliche Wale und Preisstürze oder -sprünge sind erkennbar

Tipp: Videos zu Order-Büchern bei Aktien anschauen

Auf dezentralen Exchanges hingegen findet der Handel über Automated Market Maker (AMM) und nicht mehr über das klassische Orderbuch statt. Das Zusammenführen von Angebot und Nachfrage läuft hier nicht mehr über eine zentrale Instanz, sondern wird mathematisch und automatisch über einen Liquidity Pool gelöst.

Der beste Kaufzeitpunkt

Am wichtigsten ist es, Emotionen rauszunehmen und rational zu handeln. Insbesondere wenn der ganze Markt über neue Höchstpreise spekuliert und Leute anfangen zu investieren, die sich mit Kryptowährungen normal nicht auskennen, ist Vorsicht geboten und man sollte eher mit einem gewissen Anteil aus dem Markt aussteigen.

Auf der anderen Seite ist der Zeitpunkt, wo einem alle von einem Investment abraten und der Preis massiv gefallen ist, ein optimaler Kaufzeitpunkt für langfristige Investments.

Zum Trading, dem kurzfristigen Kauf und Verkauf kann ich keinerlei Empfehlung geben, da ich meine Investitionen grundsätzlich auf drei Jahre und mehr Zeithorizont auslege.

Grundsätzlich gibt es nie den perfekten Kaufzeitpunkt, man kann diesen allerdings mathematisch optimieren.

Bei der Annahme eines Investments von 12.000€ wäre eine erste Möglichkeit, über einen sogenannten Sparplan, welche einige Börsen anbieten, ein Jahr lang monatlich 1.000€ einzuzahlen, um vom sogenannten Leverage-Effekt zu profitieren.

Eine zweite wäre die Berücksichtigung des sogenannten Sekretärinnen-Problems von Marrill M.Flood aus dem Jahr 1949. Das Sekretärinnen-Problem beinhaltet die Annahme, dass man eine Sekretärin einstellen möchte, man aber nicht weiß, wie viele Gespräche man führen soll, um die perfekte Kandidatin zu finden. Es geht also ähnlich wie beim Krypto-Investment um den Zeithorizont, wobei man bei Krypto-Investments im Vergleich zu den Sekretärinnen nicht zurückspringen kann zum Preis von gestern bzw. einer bereits bekannten Kandidatin.

Zur Lösung des Problems bei z.B. 27 Kandidatinnen wird folgende Formel genutzt:

n=Anzahl (Tage)

e=2,71 (statistischer Wert)

27/2,71 = ca. 10 (Benchmark 10 Kandidatinnen)

Nun führt man mit den verbliebenen 17 Kandidatinnen weitere Gespräche und stellt erst ein, sobald eine besser ist als der Benchmark. Findet man keine, so nimmt man den Benchmark.

Die Empfehlung lautet, Investments immer zu splitten. Dies bedeutet auf Krypto übertragen bei einem 12.000-€-Investment und monatlichen 1.000-€-Zahlungen, dass sofort zu Monatsbeginn die Hälfte, also 500 €, investiert wird. Dann wird „e" aufgrund von 30 Tagen im Monat der Einfachheit halber von 2,71 auf 3 erhöht. Die ersten zehn Tage des Monats (30/3) sind also der Benchmark und sobald in den folgenden 20 Tagen der Preis niedriger ist, kauft man für die folgenden 500€ ein.

Sollte kein günstigerer Preis eintreten, was unwahrscheinlich ist, aber vorkommen kann, so überträgt man die 500 € einfach in den Folgemonat.

Bei einer Einmalinvestition ist das Vorgehen das gleiche, man muss sich nur seinen Zeithorizont festlegen. Meine Empfehlung ist 30 Tage plus.

Bei 60 Tagen wäre der Benchmark also innerhalb von 20 Tagen zu finden und sobald in den folgenden 40 Tagen der Preis darunter fällt, tätigt man seine komplette 12.000-€-Investition.

Durch dieses Vorgehen findet man nicht den besten, aber sicher den optimalsten Kaufzeitpunkt und nimmt dadurch auch seine Emotionen raus.

Wichtigste Investmentformel:

R=D*P
Result = Decision * Probability

Entscheidung ohne Emotionen und mit klarem Hintergrund, der erklärbar ist, warum man jenen Coin gekauft hat.

Wahrscheinlichkeit ist abhängig vom Timing, sowie von Glück und Pech.

EMH – Effiziente Markt Hypothese

Die EMH gibt es in drei verschiedenen Formen, welche wir uns genauer in Bezug auf Kryptowährungen und Bitcoin anschauen.

Schwache EMH
Bei der schwachen EFH greift man auf die technische Chartanalyse zurück und analysiert die Vergangenheit, um dadurch Rückschlüsse auf die zukünftige Entwicklung treffen zu können. Experten sind sich hier aber doch recht einig, dass eine solche Fortschreibung nicht möglich ist. Daher kann man eher analysieren, warum Preise sich verändert haben und wie weit diese sich noch ändern können bzw. wo Widerstände sind.

Allerdings scheint es einige Experten in der Chartanalyse zu geben, welche dadurch nicht geringe Gewinne erzielen.

Durchschnittliche EMH
Hier greift man auf Informationen zurück, die der ganze Markt hat. Die Gefahr ist, dass die Masse emotional agiert und größtenteils irrational handelt. Dadurch kommt es dazu, dass die Märkte über- oder unterreagieren.

Darüber hinaus herrscht unter den Marktteilnehmern oft Eifersucht oder Neid hinsichtlich Statusveränderungen, sobald es zu größeren Gewinnen kommt. Ebenso ist immer eine Ungewissheit da, mit welcher Wahrscheinlichkeit ein Ereignis eintritt.

Starke EMH
Die starke EMH arbeitet mit legalen Insiderinformationen und gibt gewissen Marktteilnehmern dadurch einen Wissensvorsprung, den man sich zu nutzen machen kann.

Hinsichtlich der Kryptowährungen sollte man sich also auf die schwache oder starke EMH konzentrieren oder seine Emotionen unter Kontrolle halten. Wichtig sind außerdem ARD und ZDF, sprich das Erlangen von Zahlen, Daten & Fakten, sowie analysieren, recherchieren und durchdenken.

Exchanges

Exchanges machen in der Regel einen guten Job und legen großen Wert auf ihre Security. Es gibt jedoch immer sogenannte Black Swan Events oder Liquidierungen mit der Gefahr, alle seine Coins auf einer Exchange zu verlieren, da es ohne den Private Key (welcher auf der Exchange liegt) keine Kontrolle über seine eigenen Coins gibt.

Dass dies auf großen Exchanges wie Binance, Kraken oder Bitpanda passiert, ist eher unwahrscheinlich. Die Vergangenheit hat beispielsweise mit Mount Gox oder ganz aktuell FTX und Sam Bankman-Fried gezeigt, dass dies immer mal passieren kann.

Insgesamt lässt sich aber festhalten, dass historisch betrachtet bis heute mehr Geld durch eigenen Verlust des Private

Key verloren gegangen ist als durch Exchanges. Meine persönliche Empfehlung wäre daher zum einen, seine Coins ruhig auf mehrere Börsen zu verteilen und dort nur so viel zu halten, wie man auch bereit ist, im Worst-Case-Szenario zu verlieren.

CEX und DEX

Bei den Exchanges wird zwischen CEX und DEX, sprich centralized oder decentralized Exchanges, unterschieden.

Die CEX-Börsen waren die ersten Handelsbörsen am Markt. Zu ihnen zählen die bekannten Exchanges wie Coinbase, Binance, Bitfinex und Coinstore, wo wir unseren SRZ Token gelistet haben. Lange führte an diesen kein Weg vorbei und erst mit dem Erfolg dezentraler Finanzanwendungen (DeFi) rückten dezentrale Exchanges wie Uniswap oder Sushiswap in den Vordergrund.

Eine CEX ist eine Börse, die es Nutzern ermöglicht, ihr Echtgeld in Kryptowährungen umzuwandeln. Sie organisieren den Handel zwischen Käufer und Verkäufer. Insgesamt werden 95% des Krypto-Handels über CEXes abgewickelt, wobei das umfangreiche verfügbare Portfolio für Kryptowährungen für diesen Erfolg verantwortlich ist. In der Regel agieren CEX unter behördlicher Aufsicht und haben umfangreiche Know-Your-Customer-Richtlinien integriert. Insbesondere für Neulinge ist eine CEX mit dem bedienerfreundlichen Aufbau und der einfachen Verwaltung der Assets interessant.

Zentralisierte Börsen verfügen dabei über ein eigenes Auftragsbuch, in welchem jede Order erfasst und validiert wird. Um die Korrektheit zu gewährleisten, erfolgt der Datenaustausch intern über eigene Server und durchläuft zentrale Sicherheitsprozesse. Die Einfachheit von CEXes hat zur Folge, dass die privaten Keys auf der Börse verbleiben. Das bedeutet, wenn man den Zugriff auf seine CEX-Wallet verliert oder Opfer eines Hacking-Angriffs wird, dann verliert man auch den Zugriff auf seine Kryptowährungen.

Auf einer CEX gibt es feste Gebühren, welche beim Handeln anfallen. Konzeptionell funktioniert eine Krypto-Börse nach demselben Prinzip, wie jede andere Börse: Ein Matchmaking-Algorithmus regelt Angebot und Nachfrage.

DEXes hingegen sind Börsen, die den Handel zwischen zwei Parteien ermöglichen, ohne dabei auf einen Mittelsmann angewiesen zu sein. Die Nutzer handeln auf der Plattform Peer-to-Peer und anonym.

Im Gegensatz zu einer CEX werden bei DEX keine Kryptowährungen verwahrt, es wird eine eigene Wallet benötigt und alle Funktionen sind dezentralisiert. Dementsprechend laufen DEXes nicht auf internen Servern und eigener IT-Infrastruktur, sondern als eine dezentrale Anwendung (dApp) auf einer Blockchain. Hierbei unterscheidet man zwischen plattformbasierten DEXes (meist Ethereum) mit der dazugehörigen Kryptowährung als zentrales Tauschmittel und solchen, die nicht auf ein bestimmtes Ökosystem / Transferwährung einer Blockchain angewiesen sind. Sogenannte Atomic Swaps ermöglichen über Smart Contracts einen schnellen Austausch von Kryptowährungen, welche auf verschiedenen Blockchains liegen.

Vorteile einer CEX:

- Einfache Benutzeroberflächen und Prozesse
- Leichter und unkomplizierter Zugang
- Hoher Funktionsumfang mit einem breiten Angebot an Kryptowährungen

- Hohe Liquidität und Transaktionsaustausch fast in Echtzeit
- Möglichkeit der Ein- und Auszahlungen in Fiat-Währung

Nachteile von einer CEX:
- Lagerung des Krypto-Vermögens auf der Börse
- Keine Kontrolle der Wallets und des Private Keys
- Kontrolle von Aufsichtsbehörden, Drittanbietern und gesetzlichen Vorschriften
- Regulatorik wie KYC, um Geldwäsche zu verhindern

Vorteile DEX:
- Frei von staatlichen Auflagen, Regularien oder Überwachungen
- Direkter Handel ohne dritte Partei und alleiniger Zugriff auf Private Key & Vermögen
- Kein Authentifizierungsverfahren wie KYC
- Sicherheit; da die DEX auf der Blockchain liegt, kann sie nicht Ziel eines Angriffs auf einen zentralen Server werden

Nachteile einer DEX:
- Langsamere Abwicklungsgeschwindigkeit als auf den zentralisierten Varianten
- Geringere Liquidität und weniger Trader, die für Traffic sorgen
- Ungeeignet, um auf veränderte Marktsituationen schnell zu reagieren
- Aktuell noch geringerer Funktionsumfang ohne Limit Orders, Margin-Trades oder Stop-Losses

Die Daseinsberechtigung beider Varianten ist unbestritten. Die DEX steht im Einklang mit dem Grundgedanken der Anonymität von Satoshi Nakamoto bei der Entwicklung des Bitcoins.

Für viele Trader sprechen die Nutzungsmöglichkeiten einer CEX jedoch klar für sich. Viele CEXes haben die Vorteile dezentraler Börsen jedoch erkannt und versuchen, deren Eigenschaften in ihre Systeme zu integrieren. Denkbar ist daher eine zukünftige Verschmelzung beider Varianten.

Wallets:

Custodial & Non-Custodial Wallet:

Die erste Unterscheidung ist die zwischen Custodial und Non-Custodial Wallets. Eine Custodial Wallet ist zum Beispiel eine Wallet, welche man auf einer Krytpo-Handelsplattform wie Binance hält und automatisch mit dem eigenen Account verknüpft wird. Entsprechend hält die Börse auch den Private Key, während die Non-Custodial Wallet mit Private Key und SEED-Phrase bei einem selbst verbleibt.

Die Gefahr bei Custodial Wallets liegt darin, dass die Börse gehackt werden kann oder man seine Coins durch Insolvenz des Anbieters verlieren kann. Mit einer Non-Custodial Wallet ist man hingegen sicher, muss aber eigenverantwortlich seine SEED-Phrase sicher verwahren.

Non-Custodial Wallets unterscheiden sich hingegen wiederum in Hot & Cold Wallets.

Hot & Cold Wallet:

In ein Standard-Wallet kann man Geld legen, um es aufzubewahren und herauszunehmen, um es jemand anderem zu geben.

Das Wallet dient als eine Art Geldbeutel oder dezentrales Bankkonto für Kryptowährungen und ist grundsätzlich ein Programm oder ein Gerät, das die öffentliche Adresse und den privaten Schlüssel speichert.

Hierbei ist noch zwischen Hot Wallets und Cold Wallets zu unterscheiden.

Hot Wallets sind aktiv mit dem Internet verbunden. Dadurch lassen sich Transaktionen einfacher durchführen, es steigt jedoch auch die Gefahr für Hacks. Exchange Wallets, Mobile Wallets und Desktop Wallets sind Beispiele für Hot Wallets. Die Desktop Wallet wird allerdings nicht im Internet gesichert, sondern zu Hause auf dem heimischen PC. Hier ist man außerdem auch im Besitz der eigenen Private Keys und nur mit verbundenem und offenen Wallet angreifbar, was ein zentraler Vorteil gegenüber Online Wallets ist.

Die wohl bekannteste Hot Wallet ist im übrigen Meta Mask.

Cold Wallets sind nicht mit dem Internet verbunden und somit vor Hackversuchen sicher. Paper Wallets, in denen der Private Key auf Papier festgehalten wird, sind ein Beispiel für Cold Wallets. Aber auch das Festhalten des Private Keys oder der SEED-Phrase auf Papier birgt Risiken. Nicht selten hat man bereits mitbekommen, dass Tinte verwischt oder auch die Farbe bei Kugelschreibern im Laufe der Jahre verschwinden kann. Das Sicherste wäre hier wohl das eingravieren dieser Informationen auf ein nicht rostendes Metallstück und das Verwahren in einem Bankschließfach. Idealerweise an verschiedenen Standorten auf verschiedenen Kontinenten, sofern es sich um sehr hohe Summen handelt.

Die bekannteste Cold-Wallet-Form sind aber sogenannte Hardware Wallets, wo man über ein Hardware-Gerät Zugriff auf seine Coins oder NFTs erhält. Dieses ist zwar eine komplizierte, aber dafür die sicherste Form, sein Vermögen zu verwalten. Sie sind daher insbesondere für größere Vermögenswerte mehr als empfehlenswert.

Hardware Wallets

Eine Hardware Wallet ist eine Art von Krypto Wallet, in der die privaten Schlüssel in einem physischen Gerät aufbewahrt werden, um Hackerangriffe auszuschließen. Der in der Wallet gespeicherte Private Key wird offline gehalten und ist bei Bedarf sofort verfügbar. In der Wallet befindet sich also nur der Private Key und keine Kryptowährungen.

Selbst durch physischen Zugriff einer dritten Person kann kein Schaden angerichtet werden, insofern die Person nicht den PIN oder den sogenannten Seed (24 Wörter zum Wiederherstellen des Gerätes) kennt. Den Seed sollte man auch niemals auf einem Rechner oder anderen mobile device speichern.

Die PIN legt man selbst fest. Daher sind auch bei Verlust der Wallet die Kryptos geschützt, weil jede Hardware-Wallet ein Backup hat. Mit dem oben aufgeführten Recovery Seed aus 24 Wörtern kann man den Zugang zu den Coins jederzeit reaktivieren.

Hardware Wallets schützen die Privatsphäre und sorgen für Anonymität. So weiß niemand, wie viele Coins man besitzt oder welche Transaktionen man damit durchführt.

Es gibt sie in den verschiedensten Formen, meistens in der eines USB-Sticks, die sich ebenso wie diese anschließen lassen. Um sie nutzen zu können, benötigt man lediglich eine Smartphone-App oder ein Computer-Programm. Obwohl man den Stick angeschlossen hat, erfolgt noch kein Zugriff auf die Wallet, da der Computer diesen nicht mal erkennt. Zugriff erhält man erst nach Eingabe der persönlichen PIN, welche acht Stellen hat und damit unmöglich erraten werden kann. Nach drei Fehlversuchen löscht sich der Stick von selbst.

Nach dem Freischalten kommt vom Computer für einen Krypto-Transfer die Anfrage an die Wallet zum Signieren der Transaktion, wobei nur die signierte Information zurück an den Computer fließt und der Private Key das Gerät nie verlässt. Auch ein Zugriff auf den Private Key über das Internet ist nicht möglich.

Es ist ganz wichtig, dass man immer vorliegende Updates durchführt und bei Transaktionen die Adressen der Wallet und auf dem Computer abgleicht.

Mit ihr hat man alle Coins an einem Ort und nicht auf mehreren Exchanges gespeichert und zahlt im Vergleich zum klassischen Bankkonto keine monatlichen Gebühren.

Bekannte Hardware Wallets sind zum Beispiel der Ledger Nano X, KeepKey, Ledger Nano S und TREZOR T.

Zusammenfassend lässt sich festhalten, dass ein externes Wallet Sinn macht, wenn Anleger gerne selbst die Verantwortung über ihre Kryptos übernehmen oder hohe Summen investiert haben. Doch wenn man selbst im Besitz des privaten Schlüssels ist, besteht das Risiko, durch Verlust des Keys auch sein Vermögen zu verlieren.

Gefahren:

- Speichern des Private Keys auf dem Laptop
- Vergessen des Private Keys
- Informationsweitergabe und Zugriff für Erben
- Vernichtung durch Brand oder Kinder
- Fehler beim Abschreiben
- Wörter oder Zahlen getauscht zur doppelten Sicherheit
- Keine Tinte oder Kugelschreiber benutzen

- Falsch übertragen
- Schlechtes Papier

Ab wann man auf eine Hard Wallet wie den Ledger zugreift, bleibt jedem selbst überlassen und ist eine eigene Risikoabwägung. Ich selbst würde niemals mehr als 50.000 € auf einer Plattform liegen lassen, für wen aber bereits 5.000 € oder 10.000 € eine unglaubliche Menge Geld sind, der sollte bereits bei kleineren Beträgen Gelder von der Plattform auf die Hard Wallet transferieren.

CoinMarketCap

CoinMarketCap ist die weltweit am meisten genutzte Webseite, wenn es um die Preise und Preisentwicklung von Kryptowerten geht. Auf der entsprechenden Website www.coinmarketcap.com kann jeder qualitativ hochwertige und genaue Informationen zu einzelnen gelisteten Kryptowährungen einsehen, um diese in die eigene Recherche oder Entscheidungsfindung mit einfließen zu lassen.

Grundsätzlich kann man sicherheitsbewussten Anlegern empfehlen, in keine Münze zu investieren, welche nicht bei CoinMarketCap gelistet ist. Bevor ein Coin gelistet wird, wird dieser genau geprüft und durchläuft verschiedene Qualitätsprüfungen.

Gegründet wurde CoinMarketCap 2013 und wird selbst von großen Nachrichtenagenturen genutzt. Im April 2020 wurde CoinMarketCap von Binance übernommen. Hierdurch erhofft man sich, tiefgreifendere Daten aus Projekten zu sammeln, Informationen zu vereinheitlichen und die Datenqualität weiter zu steigern. Seit der Übernahme durch Binance agiert CoinMarketCap aber weiterhin unabhängig.

Auf Coinmarketcap.com findet man:

- Logo, Name der Münze, Symbol der Münze
- Preis der Münze in USD
- Marktkapitalisierung
- Handelsvolumen der letzten 24 Stunden
- Anzahl der Transaktionen in den letzten 24 Stunden
- Wertänderung über 24h in Prozent
- Gesamtzahl der im Umlauf befindlichen Münzen

Derzeit gibt es bei CoinMarketCap Statistiken zu über 16000 Münzen. Über die Website kann man sich zusätzlich News und Updates zu den Münzen, kommenden Airdrops sowie Termine für ICOs und Ähnliches anzeigen lassen. Sie dient nicht wie eine Exchange zum Kaufen und Verkaufen von Münzen oder zum Erteilen von Ratschlägen.

Steuern

Aus steuerlicher Sicht sind Kryptowährungen keine richtige Währung, weshalb andere Regeln gelten als bei Aktien oder Geldanlagen. Das Finanzamt sieht es wie einen privaten Verkauf. Es kann also sein, dass man von der Steuer verschont bleibt. Grundsätzlich ist zu empfehlen, sich einen Steuerberater zu suchen.

Allgemeine Informationen:

- Kryptohandel ist ein privates Veräußerungsgeschäft
- Grundsätzlich ist keine Abgeltungssteuer fällig
- Bei mindestens zwölf Monaten Haltedauer steuerfrei (FIFO-Methode)

- Gewinne durch Staking (neu hinzugewonne Coins) sind steuerfrei, der Grundbestand wird dann aber erst nach zehn Jahren steuerfrei
- Gewinne unter 600 Euro im Jahr sind steuerfrei
- Steuerhöhe hängt vom persönlichen Steuersatz ab
- Bei Lending wird jährlich Abgeltungssteuer auf die Zinsen fällig, wobei es einen Freibetrag von 801 Euro gibt
- Absetzbar sind Gebühren für die Transaktionen und Verluste, die innerhalb eines Jahres entstehen
- Schenkungen im Krypto-Umfeld sind bis zu 20.000€ steuerfrei (u.a. Airdrops), solange man nicht durch professionelle Teilnahmen an Give-aways als gewerblich mit dadurch regelmäßig erzieltem Einkommen eingestuft wird

Grundsätzlich müssen Verkäufe nach zwölf Monaten Haltefrist nicht beim Finanzamt angegeben werden, es macht aber Sinn, dieses mit der Steuererklärung dennoch anzugeben, um eine entsprechende Steuerfrei-Bescheinigung zu haben, falls nach einigen Jahren Rückfragen vom Finanzamt kommen. Eine entsprechende Recherche Jahre zurück und gegebenenfalls Anwaltskosten können so gespart werden.

Den Nachweis über eine Haltefrist kann man über den Kauf- und Verkaufszeitpunkt an der Börse nachweisen. Sind diese off-the-counter angeschafft worden, kann man auch mit Eigenbelegen arbeiten. Hier macht die Masse das Gift, um beim Finanzamt glaubwürdig zu bleiben. Viele Börsen bieten die Möglichkeit, sich diese Daten als Excel-Tabelle herunterzuladen. Alternativ kann man aber auch dem Finanzamt den Private Key zur Prüfung zukommen lassen, da ja alle Transaktionen auf dem Ledger gespeichert werden oder mit Krypto-Steuerprogrammen wie Cointracker selbst festhalten.

Entscheidend bei jeder Meldung an das Finanzamt ist der Verkauf, das heißt, man muss seinen Bestand an Kryptowährungen oder den Einkauf nicht melden. An das Finanzamt muss nur gemeldet werden, wenn eine Steuerpflicht eintritt.

Wenn man Coins untereinander tauscht, wie zum Beispiel Bitcoin in Ethereum, dann sind diese Transaktionen immer einzeln zu betrachten. Das bedeutet, solange die Haltedauer kleiner als zwölf Monate ist, müssen Steuern draufgezahlt werden.

Bei Optionen auf Kryptowährungen hingegen, die als Kontrakte gelten und nur fiktiv auf Krypto basieren, wäre eine Abgeltungssteuer fällig.

Bei Verlusten aus Kryptowährungen kann man diese nicht mit Gewinnen aus anderen Bereichen verrechnen, sondern nur mit Gewinnen, die ebenfalls aus dem Krypto-Bereich sind. Diese Verluste kann man für die Steuererklärung in das Vorjahr zurückrechnen oder beliebig lange in die Zukunft mitnehmen.

Wichtig ist, zu wissen, dass das Finanzamt alle Coins steuerlich gleichbehandelt. Egal, ob Stable Coins, Utility Token, Security Token etc.!

Passives Einkommen

Krypto-Debitkarten:

Mit einer Krypto-Debitkarte kann man Einkäufe wie mit jeder anderen Debitkarte tätigen. Diese funktioniert dabei wie eine Prepaid-Karte und kann mit gewünschten Kryptowährungen und/oder FIAT-Geld aufgeladen werden, um Einkäufe in Geschäften oder online bei Händlern zu tätigen sowie um Transaktionen oder Abhebungen am Geldautomaten durchzuführen.

Die Krypto-Debitkarte tauscht dann zum Zeitpunkt des Kaufs automatisch nur den benötigten Betrag in Fiat um, sofern Kryptowährungen als bevorzugte Zahlungsmethode hinterlegt sind, oder sie greift auf vorhandenes FIAT-Geld zurück.

Einige dieser Karten bieten Vorteile wie beispielsweise Cashback-Belohnungen, Zinsen und andere nützliche Benefits.

Die Vorteile einer Krypto-Debit-Karte von Binance sind:

- Bis zu 8 % Cashback in Form von BNB
- Keine monatlichen Gebühren oder Kosten beim Bezahlen

Allgemeine Vorteile von Krypto-Debitkarten:

- Niedrige oder keine Jahresgebühren und geringere Kosten als bei herkömmlichen Banken
- Keine Fremdwährungsgebühren
- Zugang zu verschiedenen Währungen mit nur einer Karte
- Cashback-Prämien für jede Transaktion

Während viele Krypto-Fans die Anonymität der digitalen Währungen schätzen, ist es damit bei der Nutzung einer Debitkarte natürlich vorbei, da sich die Kartenherausgeber an die Bankgesetze der Gerichtsbarkeit des Landes halten müssen, in dem sie ansässig sind. Wer eine Krypto-Debitkarte beantragen will, muss in der Regel mindestens einen Personalausweis oder Reisepass vorlegen.

Staking

Staking ist die Teilnahme am Proof of Stake Konsensmechanismus und bedeutet, dass Kryptowerte für einen bestimmten Zeitraum in einer Proof-of-Stake-Blockchain aufbewahrt (gesperrt) und dazu verwendet werden, einen Konsens zu erzielen. Dieser Konsens dient zur Sicherung des Netzwerks und zur Sicherstellung der Gültigkeit jeder neuen Transaktion. Wer Coins staked, wird Validator genannt und für die Sperrung der Assets werden diese mit neuen Coins aus dem Netzwerk belohnt.

Staking ist für alle Kryptowährungen möglich, welche Proof of Stake als Konsensmodell gewählt haben. Grundsätzlich kann jeder am Staking-Verfahren teilnehmen. Um Validator zu werden, sind allerdings ein hoher Kapitaleinsatz (bei Ethereum 32 ETH), technisches Wissen und ein Computer, der Tag und Nacht Validierungen vornehmen kann, zwingend erforderlich.

Für Personen mit weniger Kapital gibt es auf den großen Kryptobörsen sogenannte „Staking-Pools“, denen man sich anschließen kann. Diese Börsen bieten einen einfachen Einstieg mit wenig Verwaltungsaufwand und automatisierten Prozessen ins Staking. Die Anbieter behalten sich für den Service eine kleine Gebühr anteilig der Prämie ein.

Grundsätzlich ermöglicht dies, Kryptobestände zu Geld zu machen, die andernfalls in ihrem Krypto-Wallet brachliegen würden.

Staking Rewards können je nach Coin eine beträchtliche Rendite pro Jahr von 2% bis 348% einbringen. Die durchschnittliche Staking-Rendite ist in 2020 von 10% auf 15% gestiegen.

Vorteile:
- Einfache und recht sichere Anlageform
- Kein Impermanent Loss Risiko
- „Earn in Coin“ – sprich, Rendite in Form des gestakeden Coins

Nachteile:
- Oft eine Sperr- oder Haltefrist (Ausnahme Liquid Staking)
- Staking-Anforderungen und -Bestimmungen
- Projektsicherheit des Coin-Anbieters
- Risiko des Validators
- Third Party Risiko durch die anbietende Börse
- Wertverlust des Coins

Liquidity Mining and Impermanent Loss

Dezentrale Plattformen benötigen Liquidität, welche alle Nutzer in Form von eigenem Kapital dem DeFi-Anbieter zur Verfügung stellen können. Hierfür erhalten diese im Gegenzug ein passives Einkommen, welches durch Trades und die dabei anfallenden Transaktionsgebühren generiert wird. In der Regel lassen sich hier ausschließlich Handelspaare hinterlegen, wodurch immer zwei verschiedene Kryptowährungen in den Pool fließen.

Die Idee hinter Liquidity Mining ist es, den Handel mit Kryptowährungen attraktiver, effizienter und demokratischer zu gestalten. Denn nur mit ausreichender Liquidität kann für einen durchgehenden und reibungslosen Handel auf den Plattformen gesorgt werden.

Das zum Teil erhöhte Risiko beim Liquidity Mining ist im Gegenzug auch mit einer höheren Rendite von bis zu über 90% im Jahr verbunden und durch die Nutzung verschiedener Pools lassen sich oft überdurchschnittliche Gewinne erzielen.

Vorteile:

- Investition in bestehende Struktur
- Smart Contracts sowie das Gebilde einer dezentralen Exchange
- Win-win-Situation für den Investor sowie das Unternehmen selbst

Mit dem Defi Mining kann passives Einkommen generiert werden und im Gegenzug erhält man durch die Ausgabe von Governance Token Mitbestimmungsrechte am Protokoll.

Die dezentrale Exchange erhält Liquidität und kann somit den Handel mit Assets aufrechterhalten und neue Strukturen mit den zur Verfügung gestellten Mitteln schaffen.

Risiken:

- Impermanent Loss
- Dezentrale Tauschbörse
- Sicherheitslücken/Hackerangriffe
- Kursverluste der Coins

- Eventuelle Fristen für Liquiditätsabzug
- Volatilität der Handelspaare

Bestimmte Plattformen verlangen, dass Handelspaare zu gleichen Anteilen hinterlegt werden. Sinkt eine Kryptowährung, muss sie ausgeglichen werden, um ein Gleichgewicht herstellen zu können – das mindert die Rendite.

Impermanent Loss und Arbitrage Trading

Beispiel zum Arbitrage Trading:

Wir nehmen an, ein Liquiditätspool hat 1 BTC im Wert von 20.000€ und 10 ETH im Wert von 20.000€.

Steigt nur der ETH Preis auf 3.000€, während der Bitcoin stabil bleibt, so werden die sogenannten Arbitrage Trader versuchen, diese neue Preisrelation auszunutzen. Indem sie den „günstigen" ETH mit ihren Bitcoin aus dem Pool rauskaufen, versuchen sie, Gewinne zu erzielen, sodass im Anschluss mehr Bitcoin und weniger ETH im Pool ist. Dadurch wird verhindert, dass eine der Währungen leergekauft wird, und die beiden Währungspaare werden sich wieder dem alten gleichen Gesamtwert annähern.

Impermanent Loss ist grundsätzlich erst einmal nichts anderes als die Preisabweichung der Währungen zum Einzahlungs- und Auszahlungszeitpunkt und tritt entsprechend auf, wenn man einem Pool Liquidität zur Verfügung stellt und sich die Preisdifferenz der Coins zum Einzahlungszeitpunkt ändert. Je größer die Preisdifferenz, desto höher der Impermanent Loss, da die Exchange durch Arbitrage Trader eine automatische Anpassung des Pools vornimmt und den vorhandenen Gesamtwert der Handelspaare wieder ausgleicht.

Vereinfachtes Fallbeispiel:

Nehmen wir an, jemand investiert 4.000 € in Form von 0,1 BTC im Wert von 2.000 € und 1 ETH im Wert von 2.000 € in einen Liquiditätspool der 1 BTC und 10 ETH (Gesamtwert 40.000 €) beinhaltet. Damit verfügt derjenige über 10% Kapital im Liquiditätspool und nun steigt der Kurs von ETH um 100 % während BTC stabil bleibt.

Jetzt kommen die Arbitrage Trader aufs Spielfeld und kaufen mit BTC den günstigen ETH aus dem Pool komplett weg, sodass wir am Ende mit nur 2 BTC ohne ETH dastehen (Gesamtpoolwert nach wie vor 40.000 €).

Der Automated Market Maker (AMM) stellt nun wieder das Gleichgewicht her und tauscht 1 BTC in ETH, für welches es 6,66 ETH gibt. Der neue Pool besteht dann also aus 1 BTC und 6,66 ETH. Der neue Gesamtwert des Pools beträgt nun wieder 40.000 € (1 BTC mit 20.000€ und 6,66 ETH mit 20.000 €).

Die eigene Position beträgt nun also mit 10% nach wie vor 0,1 BTC aber nur noch 0,66 ETH. An dem Kursgewinn von 100% konnte man so also nicht partizipieren.

Hierbei ist zu beachten, dass Liquiditätsanbieter immer dann Gewinn erwirtschaften, wenn die Rewards höher sind als der Verlust aus dem Impermanent Loss, welcher aber nur dann auftritt, wenn der Anleger seine Liquidity Position im Pool auflöst.

Liquiditätspools existieren in verschiedenen Konstellationen. So gibt es Pools mit zwei Stablecoins, welche mit einer Kryptowährung und einem Stablecoins oder welche mit zwei Kryptowährungen.

Insbesondere bei der Konstellation mit einem Stablecoin und einer Kryptowährung ist natürlich die Gefahr groß, dass die Kryptowährung eine massive Kursänderung erfährt und ein großer Impermanent Loss entsteht. Bei zwei Stablecoins, die relativ stabil bei 1 USD bleiben sollten, ist die Gefahr fast zu vernachlässigen, während bei zwei Kryptowährungen die Möglichkeit besteht, dass beide Coins sich gleich entwickeln oder voneinander mehr oder weniger stark abweichen.

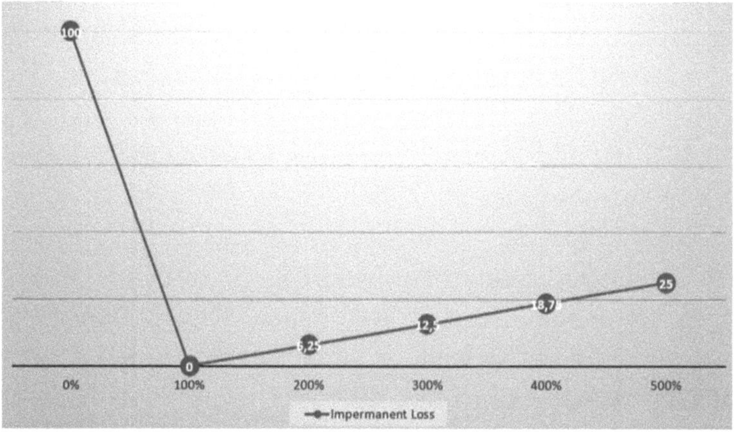

Diese Abbildung zeigt die Entwicklung des Impermanent Loss in Abhängigkeit von der Kursentwicklung des Coins in %.

Möglichkeiten, den Impermanent Loss zu minimieren:

- Mit kleinen Beträgen beginnen, um den Markt zu verstehen
- Mit Stablecoin-Paaren beginnen, da diese nicht so stark schwanken
- Nutzung von einseitigen Asset-Pools, die nur einen Token erfordern
- Nutzung von ungleichmäßigen Liquiditätspools, die kein 50/50-Token-Verhältnis erfordern

Lending und Borrowing

Lending ist die digitale Alternative zum Kreditgeschäft der Bankenwelt. Hier hat jeder die Möglichkeit, seine Kryptowährung gegen Zinsen zu verleihen oder einen Kredit aufzunehmen, welcher durch einen Smart Contract in einer Blockchain festgehalten wird.

Die Zinsen für die Kapitalbereitstellung liegen bei etwa 2% bis 12% pro Jahr, was auch durch die hohen Kreditkosten möglich ist, und es bietet durch das sogenannte Collateral eine relativ hohe Sicherheit für Anleger.

Beim Crypto Lending muss ein Kreditnehmer als Sicherheit immer Collateral in Form einer Kryptowährung hinterlegen, um einen Kredit zu bekommen. Die Kreditnehmer entscheiden sich also bewusst dafür, ihre Kryptowährungen nicht zu verkaufen, sondern sie wie in einem Pfandhaus zu beleihen, da sie zum einen mit steigenden Preisen rechnen oder zum anderen keine Steuern auf ihre Kapitalerträge zahlen wollen.

Hierdurch entfällt eine aufwendige Bonitätsprüfung und Kreditnehmer können überall auf der Welt sekundenschnell Zugang zu Liquidität bekommen.

Die Höhe des Collaterals wird durch die Loan-to-Value-Ratio, auch als „Borrowing Power" bekannt, vorgegeben. Bei einer LTV von 50% beträgt die Kreditsumme beispielsweise die Hälfte des Collaterals. Falls die LTV über den Wert von 50% steigt, weil das Collateral an Marktwert verliert, wird ein Margin Call („Zahlungsaufforderung") ausgelöst und der Lending-Anbieter fordert den Kreditnehmer auf, Collateral nachzuliefern, um die LTV wiederherzustellen oder den Kredit soweit zu tilgen, bis die LTV wiederhergestellt ist.

Kommt ein Kreditnehmer dieser Aufforderung nicht nach, wird automatisch ein Teil des Collaterals liquidiert, um damit den Kredit zu tilgen, bis Kredithöhe und Collateral wieder im vorgegebenen LTV liegen. Dieser Prozess ist als Liquidation Threshold bekannt und legt die Regeln fest, ab wann auf das Collateral zugegriffen werden würde, um die Kreditschuld zu begleichen. Dies schützt den Anbieter und damit auch die Krypto-Sparer vor einem Kreditausfall, denn der Kredit bleibt immer überbesichert.

Dies macht Lending für private Sparer und auch für institutionelle Anleger attraktiv, denn am klassischen Kapitalmarkt gibt es nur wenige Alternativen bei vergleichsweise geringem Risiko, solch hohe Zinsen zu verdienen.

Grundsätzlich geht das Geld vom Verleiher auf eine Plattform oder Exchange, welche das Lending anbietet, und diese verleiht die Kryptos weiter an den Leiher. Dieser nutzt die Bitcoins in der Regel für eine der folgenden drei Möglichkeiten:

- Optionen kaufen und wetten, dass BTC steigt oder fällt
- Optionen verkaufen und wetten, dass BTC steigt oder fällt
- BTC shorten und wetten, dass dieser fällt

Selbst wenn sich Leiher hier mal verspekulieren sollten, so hat man als Verleiher immer noch die Exchange als Sicherheit und bekommt seine Coins zurück. Die entsprechenden Anbieter nehmen sich selbst in der Regel 1% des geliehenen Kapitals als Zins für ihre Dienstleistung.

Vorteil:
- Kein Währungsrisiko, da in der Regel Stablecoins verwendet werden (bei anderen Kryptowährungen sonst höhere LTV Ratio wegen der Volatilität)

Risiken:
- Preisschwankungen des Collaterals
- Insolvenzrisiko des Anbieters (Exchange/ Plattform)
- Technische Risiken / Hacks
- Sperrfrist der Coins

Parachain Auctions und Crowdloans

Parachains sind Layer-1 Blockchains auf Polkadot, welche eine Verbindung zur Polkadot Relaischain herstellen, um Sicherheit, Skalierbarkeit und Interoperabilität zu gewährleisten. Außerdem erhalten sie ein Stimmrecht in der Polkadot Governance und können sich mit anderen Blockchains über netzwerkübergreifende Bridges verbinden. Parachain Slots kann man sich als einen Parkplatz auf einem winzigen Gelände vor einem Fußballstadion vorstellen, wo die entsprechenden Plätze heiß begehrt und schwer zu bekommen sind. Insgesamt gibt es auf Polkadot 100 Parachain Parkplätze, welche eine ebenfalls hohe Nachfrage haben.

Parachain-Auktionen sind daher Auktionen, die auf der Relaiskette Polkadot abgehalten werden, um zu bestimmen, welche Blockchain mit dem Parachain-Slot verbunden wird. Der Gewinner einer solchen Auktion sichert sich einen der begehrten Plätze.

Sobald die Auktion beginnt, kann jeder Investor innerhalb einer festgelegten Zeitspanne seine DOT (Polkadot) oder KSM (Kusama) auf seine Lieblingsprojekte setzen. Sobald die Zeitspanne abgelaufen ist, wird rückwirkend ein zufälliger Tag bestimmt, an dem die gesetzten DOT oder KSM gezählt werden, und das Projekt mit den meisten DOT oder KSM zum Stichtag gewinnt die Auktion. Das bedeutet, wenn die Auktion 30 Tage geht und der automatische Stichtag der siebte Tag ist, so gewinnt das höchste Gebot innerhalb der ersten sieben Tage.

Crowdloan ermöglicht es einem Projektteam DOT (Polkadot) oder KSM (Kusama) per zu Crowdsourcing zu beschaffen, um sich damit eine Parachain-Auktion zu finanzieren. Durch die Unterstützung eines solchen Projektes sperren Investoren ihren eigenen DOT (KSM) bis zum Ende der Auktion.

Gewinnt das entsprechende Projekt, so erhält man seine Kryptos nach Ablauf einer Laufzeit inklusive der Belohnungen wieder zurück. Bei DOT sind dies 96 Wochen und bei Kusama 48 Wochen. Sollte das unterstütze Projekt die Auktion aber verlieren, erhält man alle seine Kryptos direkt nach Auktionsende wieder automatisch auf seine Wallet zurück.

Wie lukrativ dies sein kann, zeigte das bis dato erfolgreichste Parachain Auction Projekt Moonriver, wo man nach Ablauf 15 Moonriver Token pro eingesetzten Kusama Token bekam. Aktuell ist ein Kusama 63 USD wert und der Höchstwert für 15 Moonriver Token lag bei 6.920 €.

Vorteile für Projekte, welche sich hieraus ergeben, sind zum einen, dass sie ihre Technologie demonstrieren können und zum anderen bereits frühzeitig die Unterstützung der Community gewinnen.

Die Teilnahme an solchen Parachain Auctions ist über CEXes oder direkt über Polkadot möglich.

Grundsätzlich sind Parachain Auctions eine weitere interessante alternative Möglichkeit, um in spannende Projekte zu investieren, ohne dass man den projekteigenen Token kaufen muss.

Risiken:

- Gesperrte DOT oder KSM sind während der gesamten Laufzeit ohne Zugriff
- Parachain Auction Kandidat kann keinen Parachain-Netzwerk- oder Reward Token liefern

Yield Farming

Yield Farming ist ein Teilgebiet aus dem DeFi Bereich und lässt sich gut mit der Landwirtschaft (Farming) vergleichen. Hier werden Pflanzen angebaut und irgendwann geerntet. Die entsprechende Ernte steht dabei für erwirtschaftete Erträge (im englischen „Yield").

Bekanntestes Beispiel ist der native Token COMP, den Anleger durch die Nutzung und das transferieren von Kryptowährungen auf der Plattform Compound verdienen. Ziel hierbei ist das Farming des COMP Token.

Auf den unterschiedlichsten DeFi Plattformen kann man durch das Anlegen seiner Kryptowährungen Renditen bis zu 20% erhalten und das selbst auf Stable Coins.

Viele Plattformen bieten hier eine Sicherheit durch „overcollaterialization".

Im Yield Farming werden die entsprechenden Renditen durch Lending, Borrowing, Staking, Freezing oder Liquidity Mining erzielt. Beim Freezing werden die entsprechenden Assets für einen Zeitraum von drei Monaten bis zehn Jahren eingefroren.

Risiken:

- Keine staatliche Einlagensicherung bei Insolvenz des Anbieters
- Liquiditätsengpässe der DeFi-Plattformen
- Lockangebote von Zinsen, welche schnell gesenkt werden
- Verlustgefahr bei Geldanlagen unter 1.000 € im Ethereum-Netzwerk, da Transaktionskosten (GAS-Gebühren) damit nicht ausgeglichen werden
- Wenn auch gering, Hackerangriffe durch Sicherheitslücken in Smart Contracts

Zusatzwissen

Flash-Kredite

Flash Loans sind unbesicherte Blitzkredite, die innerhalb von Sekunden geliehen und wieder vor Ende der Transaktion im gleichen Block zurückgezahlt werden müssen. Sie sind ein relativ neues Konzept in der DeFi-Welt auf Basis von Ethereum und geben die Möglichkeit vom Arbitrage-Handel zu profitieren.

Für Flash-Kredite, die zu einem Gewinn führen, wird in der Regel eine Gebühr von 0.09% erhoben.

Sofern der Kreditnehmer das Kapital nicht zurückzahlt oder der Handel keinen Gewinn erzielt, werden die Bedingungen des Smart Contracts für Flash-Kredite nicht erfüllt und die Transaktion wird rückgängig gemacht.

Nur ein kleiner Teil des gesamten Kryptohandelsvolumens wird über dezentrale Börsen abgewickelt. Um den Zugang zu diesen zu erleichtern, braucht es mehr Arbitrage-Geschäfte, um Preisfindung und Liquidität zu unterstützen. Hier setzen die Flash Loans an, denn durch diese Kreditart können Arbitrage-Händler Gewinne erzielen, ohne Kapital zu riskieren.

Vorteile:

- Man kann so viel Geld leihen, wie für eine Transaktion benötigt wird
- Die Transaktion wird rückgängig gemacht, wenn der Betrag nicht gezahlt wird
- Automatische Ausführung über den Smart Contract
- Niedrige Transaktionsgebühren und niedrige Servicegebühr der Plattform

- Einsparung von Transaktionsgebühren, da mehrere komplexe Transaktionen in nur einem Schritt zusammengefasst werden können

Airdrops

Per Definition sind Airdrops Kisten mit Lebensmitteln und lebensnotwendigen Gütern, die per Flugzeug an Menschen in Not abgegeben werden. Im Kryptoumfeld ist es ein Prozess, bei dem ein Unternehmen seine Token völlig kostenlos in die Wallets bestimmter Benutzer verteilt. Viele User verdienen durch Airdrops monatlich eine stattliche Summe.

Vorteile für Unternehmen:

- Generierung von Markenbekanntheit
- Benutzer verstehen und gezieltes Marketing betreiben
- Kapitalbeschaffung durch Wertsteigerung
- Breitere Verteilung der Token und Minimierung der Gefahr von Walen

Neue Krypto-Projekte bedienen sich der Airdrops, um für Publicity und Aufmerksamkeit in der Krypto-Community zu sorgen und um neue Plattformnutzer oder ICO-Investoren zu gewinnen.

Krypto-Projekte setzen hierfür meist eine eigene Airdrop-Landing-Page auf, wo der Nutzen und Wert der Tokens angepriesen wird und im Anschluss Aufgaben bzw. Kriterien genannt werden, welche man erledigen muss, um im Airdrop Tokens in seine Wallet zu erhalten (meist geht es um die Verbreitung von Meldungen und Beiträgen mittels sozialer Netzwerke).

Weitere Aufgaben können sein:

- Abonnieren des Twitter- oder Telegram-Kanals
- Nutzung der Mobile App des Projektes
- Anwerbung neuer Mitglieder mittels Referral Code

Die User erhoffen sich auf der anderen Seite Token, die in der Zukunft einen hohen Wert haben.

Folgende Seiten bieten eine Übersicht über kommende und laufende Airdrops:

- Airdrops.io
- Airdropalert.com

Learn & Earn

Hierbei handelt es sich in der Regel um Kampagnen von Kryptobörsen wie Coinbase oder Binance, bei denen man kostenfrei Coins zugeteilt bekommt.

Als Gegenleistung muss man sich hierfür mit der Krypto-Materie auseinandersetzen und weiterbilden. So bekommt man für das Lesen von Artikeln oder Schauen von Videos mit einer folgenden Beantwortung von Quizfragen Kryptowährungen im Gegenwert von 1 bis 5 USD zugeteilt.

Entsprechende Angebote findet man auf den oben genannten Börsen meist immer dann, wenn ein (neuer) Coin beworben werden soll.

Play to Earn

Dank NFTs ist 2021 eine neue Art des Gamings entstanden: Play to Earn. Hier hat man die Möglichkeit, als User über diverse Computerspiele Kryptowährungen oder NFTs zu verdienen.

Innerhalb des Spiels werden hierbei NFTs in Form von Charakteren, Ländereien oder Gegenstände geminted, welche dann wiederum in andere Kryptowährungen getauscht oder an Exchanges verkauft werden. Hierdurch profitieren dann auch die Spielehersteller an jeder Transaktion der Spieler.

Die größte Spieleplattform ist Axie Infinity mit aktuell 2,8 Millionen täglichen Nutzern. In vielen Ländern, insbesondere in Asien, bestreiten die Gamer mit diesen Einnahmen sogar ihren Lebensunterhalt.

Im Bereich Move to Earn sticht die Web3-Lifestyle-App STEPN mit integrierten Game-Fi- und Social-Fi-Elementen hervor.

STEPN basiert auf einer wesentlichen täglichen Aktivität und ist das erste Projekt, das ein funktionierendes Move-&-Earn-Konzept effektiv zum Leben erweckt hat.

Nutzer statten sich hier mit NFTs in Form von Sneakers aus. Durch Gehen, Joggen oder Laufen im Freien verdienen die Benutzer die Spielwährung GST, die entweder im Spiel verwendet oder aber auch gewinnbringend ausgezahlt werden kann.

Mit Game-Fi zielt STEPN darauf ab, Millionen von Menschen zu einem gesünderen Lebensstil zu bewegen, den Klimawandel zu bekämpfen und die Öffentlichkeit mit Web 3.0 zu verbinden.

Brave Browser

Der Brave Browser ist ein in der Kryptowelt beliebter Browser, welcher werbefrei ist und nicht die Bewegungen seiner User trackt.

Es gibt jedoch die Möglichkeit, Werbung in gewünschter selbst eingestellter Menge eingeblendet zu bekommen. Für den Konsum dieser Werbung erhalten die Nutzer die Kryptowährung BAT, welche sie auf Ihre Wallet leiten oder an Content Produzenten, die sie bevorzugen, spenden können.

Neben dem Werbekonsum über den Brave Browser gibt es die Möglichkeit, über sogenannte „Faucets" zusätzliche Token über Quiz, Videos oder Umfragen zu generieren, sofern man dies nicht über eine Börse machen sollte. Einen guten Überblick bekommt man hier über die Seite:

www.bestfaucetsites.com

ICOs / Initial Coin Offering

Ein ICO kann zum ersten Grundverständnis grob mit einem IPO verglichen werden, dem Börsengang eines Unternehmens, um Aktien zu verteilen.

Der Ablauf eines ICO gliedert sich dabei in verschiedene Teilbereiche.

Als erstes benötigt man ein sogenanntes Whitepaper, eine Beschreibung des Projekts, in welchem das Geschäftsmodell oder Vorhaben sowie seine technischen Spezifikationen aufgeführt werden.

Außerdem sind darin gegenwärtige Marktdaten sowie Einschätzungen für das zukünftige Wachstum gegeben. Abgerundet wird das Whitepaper durch Angaben und Auflistungen der Mitglieder des Teams, der Berater sowie der Partner.

Inhaltlich werden folgende Punkte dargelegt:

- Einführung in das Thema und Projekt inklusive Problembeschreibung
- Beschreibung und Anwendung des Tokens
- Detaillierte Produktbeschreibung und Lösungen

- Erläuterung der Risikofaktoren
- Angaben zu Team und Partner
- Roadmap
- Haftungsausschluss

Von besonderer Bedeutung ist im Whitepaper eine Erläuterung zukünftiger Entwicklungspläne. Ein genauer Arbeitsplan für einen Zeitraum von mindestens zwölf Monaten sollte vorhanden sein, wobei auch ein Beta-Start berücksichtigt wird. Im Idealfall sind bereits einige Aufgaben dieser Roadmap erfüllt. Ebenso sollten Sie potenzielle Interessenten und Investoren über die geplante Aufteilung der Token aufklären. Anleger haben ein Interesse daran, zu erfahren, welcher Teil der investierten Summe im Unternehmen verbleibt und welcher an die Anleger fließt.

Grundsätzlich dient dies dazu, potenzielle Investoren von Ihrem Projekt zu überzeugen und ist eine Kurzform eines Businessplanes.

Danach muss entschieden werden, ob man eine komplett eigene Blockchain aufsetzen will oder ob man eine bereits existierende Blockchain nutzt und man deren darunterliegendes System bezahlt. Heutzutage nutzen der Einfachheit halber die meisten Unternehmen andere Plattformen als Basisstruktur und so haben wir uns selbst mit Starzz für die Ethereum-Blockchain entschieden.

Will man jedoch seine eigene Blockchain starten, muss man einige Punkte im Vorfeld klären:

- Welcher Konsensus-Algorithmus soll genutzt werden?
- Soll die Blockchain public, private oder konsortial sein?
- Wie werden Updates durchgeführt?
- Sollen die Coins mengenmäßig beschränkt sein und deflationär wirken?

- Sollen Smart Rules vorherrschen oder starre feste Regeln existieren?
- Soll ein Development Fund vorhanden sein?

In einem anschließenden ICO-Plan entwickelt man dann eine Roadmap für die Ausgabe von Token/Coins an Anleger und legt sich auf eine Token-Art fest.

Hier hat man die Wahl zwischen folgenden Typen:

- Kryptowährung
- Security Token
- Utility Token
- Asset Token
- Equity Token

Ziel der ICO/ITO ist es, ein vorab definiertes Budget zu erreichen. Im weiteren Verlauf der Finanzierung werden Coins/Token auf Basis bestimmter Kryptowährungen und/oder Fiat-Geld erworben. Mit der Höhe des investierten Kapitals steigt die Anzahl der Token, welche die Investoren erhalten. Die Token sind mit verschiedenartigen Rechten verknüpft. Bei einem Equity-Token erhalten Anleger eine tatsächliche Unternehmensbeteiligung. Diese Form von ICO ist am engsten mit einem zuvor genannten IPO im Sinne eines Börsengangs verwandt.

Die öffentliche Platzierung von Unternehmensanteilen ist rechtlich absolutes Neuland, den nur wenige Start-ups durchführen. Die deutsche Finanzaufsichtsbehörde BaFin hat bislang keinen Präzedenzfall für Unternehmensbeteiligungen auf Basis von Equity-Tokens geschaffen und prüft auch ICOs. Bislang sind im Rahmen aller bekannten Initial Coin Offerings in Deutschland bis auf wenige Ausnahmen nur so genannte Utility-Token ausgegeben worden.

Eine weitere wichtige Entscheidung betrifft die Wahl der Plattform beziehungsweise Blockchain, auf der das ICO erstellt wird. Die Unterschiede der zu wählenden Plattform betreffen die Transaktionsgeschwindigkeit, die Kosten pro Transaktion sowie die Datensicherheit. Ein großer Anteil aktueller ICOs basiert auf der Plattform von Ethereum, welche eine der bekanntesten Technologien zum Start des ICOs darstellt und mit vergleichsweise geringen technischen Hürden verbunden ist.

Der Erfolg hängt im Wesentlichen von einer kompetenten Mannschaft ab. Das Team sollte nicht nur aus Unternehmern bestehen, sondern auch Entwickler beinhalten. Vertrauenswürdigkeit und Reputation der Teammitglieder ist eine wesentliche Voraussetzung dafür, Investoren bei ihren Anlageentscheidungen zu überzeugen. Bisherige Leistungen und bereits erworbene Reputationen der Mitglieder des Teams sind dabei von Vorteil, weshalb auch vorhandene Erfahrung mit Blockchain-basierten Projekten eine wesentliche Rolle spielen. Verfügt Ihr Team über keine geeigneten Personen für zentrale Aufgaben, sollten diese an externe Dienstleister delegiert werden. Die Bereiche, in denen Experten unersetzlich sind, umfassen neben Blockchain-Technologie und rechtlicher Beratung auch die Geschäftsentwicklung sowie das Marketing. Auch Aspekte der technischen Entwicklung sowie der Finanzen sind im Team zu berücksichtigen.

Ein ICO-finanziertes Projekt lässt sich überzeugender vermitteln, wenn man potenziellen Kunden und Investoren bereits einen Prototyp präsentieren kann, der beweist, dass das Projekt auch funktioniert.

Zuallerletzt und von ähnlich wichtiger Bedeutung wie das Whitepaper ist die Gestaltung des Webauftritts, um potenzielle Investoren zu überzeugen. Geht es darum, einen ICO zu erstellen, so wollen sich Anleger sämtliche relevanten Informationen auf einen Blick erschließen können. Die Daten und Fakten sollten informativ und verständlich aufbereitet sein.

Grundsätzlich gehören zu den wichtigsten Informationen:

- Beschreibung des Produkts oder Projekts
- Beschreibung des Tokens und der Plattform
- Erläuterung der Vorzüge des Projekts für Partner
- Angaben zu Team und Board
- Angaben zu den Partnern
- Erläuterung der Roadmap

Der Fokus in der Gestaltung sollte auf einem nutzerfreundlichen Design liegen und ein Webdesign, das die Ausgabe des Webauftritts an das genutzte Endgerät anpasst, gehört zum Standard.

Ein weiteres Ziel des Webauftritts besteht in der Leadgenerierung. Darunter ist die Gewinnung von Kunden- oder Investorendaten zu verstehen. Diese Daten erhalten Sie durch die Bereitstellung durchdachter Kommunikations- und Interaktionsmöglichkeiten. Dazu gehören etwa Formulare, in denen Interessenten ihre Daten hinterlegen oder Fragen stellen können. Diese Daten lassen sich im weiteren Verlauf des Geschäfts etwa für Marketing-Kampagnen einsetzen.

Für Anleger können ICOs Fluch und Segen sein.

Auf der einen Seite hat man den Vorteil, als Early Investor die Coins vor Handelsbeginn meist günstiger einzukaufen. Auf der anderen Seite bergen sie ein hohes Risiko, da man im Vorfeld schwer abschätzen kann, ob das Projekt erfolgreich sein wird oder nicht.

Hier handelt es sich um Startups, weshalb man sich im Vorfeld das Projekt und das Problem, welches es löst, sehr gut anschauen sollte.

Gewinne von 1000% oder mehr sind keine Seltenheit, genauso wenig aber auch Totalverluste oder Scams.

Mit 1.000€-Einsatz ist es also auch hier möglich Millionär zu werden.

Unsere letzte ICO-Phase, der sogenannte Public Sale läuft im Übrigen bis zum 30.09.2023 und eine Registrierung und ein Investment lassen sich einfach bereits schon jetzt über www.starzz.eu durchführen.

DAOs

DAO steht für „Decentralized Autonomous Organisation". Es ist ein demokratisch geführtes Unternehmen, welches sich im Besitz seiner Mitglieder befindet und durch einen Smart Contract anstatt durch einen CEO gesteuert wird. Fehlentscheidungen durch einen CEO oder einen CFO, der die Bücher manipuliert, sind somit ausgeschlossen. Ziel ist es, die Zusammenarbeit in Unternehmen und Organisationen zu ändern und zu verbessern.

Eine DAO gehört niemandem und allen Teilnehmern der Organisation, welche überall auf der Welt zerstreut sein können. Es existiert keine Hierarchie, es gibt keine Manager und auch keinerlei zentrale Strukturen. Alle Abläufe sind transparent, offen und demokratisch und werden durch Proposals auf der Blockchain abgebildet. Änderungen erfolgen durch Abstimmungen aller Mitglieder und von unten nach oben („Bottom-Up").

Jedes Mitglied kann theoretisch Vorschläge einbringen. In der Regel muss dafür aber eine Gebühr eingezahlt werden. Dies ist der Fall, um zu verhindern, dass Stakeholder mit sinnlosen Vorschlägen zugeschüttet werden. Die festgelegte

Mehrheit zur Umsetzung eines Vorschlages liegt gewöhnlich bei 50%, kann je nach Organisation aber auch variieren.

Die Durchführung solcher Vorschläge kostet in der Regel Geld und man benötigt entsprechendes Kapital. Dieses Kapital oder besser die Vermögenwerte einer DAO setzen sich aus einer Vielzahl von Beiträgen zusammen und werden in einer sogenannten Mulitsig Wallet verwahrt, bei der Zugriffsrechte für Transaktionen nur durch mehrere Keys gemeinsam autorisiert werden. Die Treasury wird dadurch auf mehrere Mitglieder verteilt und keine einzelne Person könnte Transaktionen veranlassen. Ebenso müsste ein Hacker mehrere Wallets hacken, was ein schier unmögliches Vorhaben darstellt.

Smart Contracts spielen hier eine sehr wichtige Rolle. Entscheidungen in einer DAO treffen die Teilnehmer durch das Unterschreiben der Smart Contracts, welche alle Aufgaben und Aktionen abwickeln und von den Teilnehmern in diesen niedergeschrieben werden. Möglichkeiten zur Manipulation, zum Mobbing oder zur Bevorzugung von Teilnehmern sind ausgeschlossen und alle Mitglieder sind gleichberechtigt.

Gut vergleichen kann man eine DAO mit einem Getränkeautomaten am Flughafen. Eine Maschine, welche Getränke automatisch gegen Geld ausgibt. Jedoch benötigt eine solche Maschine noch Menschen zum Auffüllen und Wechseln des Geldes. Eine DAO ist eine Art automatisierte Verkaufsmaschine für Organisationen ohne zentrale Autorität, welche durch einen Code und nicht durch Menschen betrieben wird. Im Hinblick auf den Getränkeautomaten würde dies bedeuten, dass der Code auch überall dort, wo Menschen eingreifen müssten, automatisiert handeln und zum Beispiel Roboter zum Auffüllen losschicken würde.

DAOs verfügen über die folgenden Eigenschaften:

- Unternehmungsführung ist in einem Smart Contract niedergeschrieben
- Der Code ist Open Source und bietet komplette Transparenz
- An keinen Nationalstaat oder zentralen Entscheider gebunden
- Wird durch Teilhaber finanziert und betrieben
- Entscheidungen und Änderungen werden basisdemokratisch getroffen
- Teilnehmer, die sich nicht an die Regeln halten, werden ausgeschlossen
- Management von unten nach oben
- Deutlich niedrigere Kostenstruktur
- Höhere Sicherheit, da kein zentraler Angriffspunkt existiert

Eine DAO hat den Vorteil, dass jeder Unternehmer ein Organisationsziel innerhalb eines Smart Contracts festschreiben kann. Dadurch kann jeder, wenn er über Geld (Beteiligung in der Regel über Token) und Kompetenz verfügt, sich in die DAO einkaufen und seinen Beitrag leisten, um das Unternehmen zum Erfolg zu führen. Je mehr Token jemand besitzt, umso höher ist sein Stimmrecht in der DAO. Aus demokratischen Gründen ist die maximale Anzahl der Token, welche jemand besitzen darf, aber in der Regel begrenzt.

Entscheidungen in einer DAO betreffen beispielsweise auch Personaleinstellungen und Gehaltsfragen, wobei die Bezahlung an die Serviceanbieter immer in Form der Kryptowährung der DAO erfolgt. Ebenso werden oft Rewards innerhalb der DAO in Form von Token ausgeschüttet.

Je mehr Nutzen die DAO bringt und je mehr Mitglieder diese hat, umso höher ist in der Regel auch der Wert des Tokens, da dieser folglich im Preis steigt.

Während ein normales Unternehmen enorm auf das Vertrauen der Menschen, die hinter ihr stehen, angewiesen ist, müssen die Mitglieder bei DOAs nur den Codes vertrauen. Der entsprechende Code ist öffentlich einsehbar und wird tagtäglich von Spezialisten auf Sicherheitslücken geprüft, wodurch ein hohes Maß an Vertrauen zugrunde gelegt werden kann. Probleme in Beziehungen zwischen Stakeholdern und einem CEO sind somit ausgeschlossen.

In großen Unternehmen wie Apple oder Samsung gibt es Board Meetings, in denen die Shareholder ihre Stimmen abgeben und Entscheidungen hinsichtlich des Unternehmens treffen. Der CEO trägt dann dafür Sorge, dass die entsprechenden Entscheidungen innerhalb des Unternehmens umgesetzt werden. In einer DAO hingegen werden die Entscheidungen sofort automatisiert von jetzt auf gleich umgesetzt. Ebenso befindet sich eine DAO in einem stetigen Verbesserungsprozess, da Änderungen jederzeit durch einen gemeinsamen Voting-Prozess getroffen werden können.

So könnte eine DAO unsere Arbeitswelt komplett revolutionieren. Man bräuchte keinen festen Arbeitgeber mehr und könnte Mitglied in mehreren DAOs werden. Da die Teilnehmer, sprich Token-Inhaber, ein gemeinsames Interesse haben, ist der Versuch, das System zu hintergehen, sinnlos, da der Erfolg des Netzwerks im Vordergrund steht. Gegen eine DAO zu handeln, bedeutet, gegen das Eigeninteresse zu handeln.

Unsicherheiten, mit denen DAOs zu kämpfen haben, sind einerseits der fehlende rechtliche Rahmen und anderseits eine mögliche Regulierung des Kryptomarktes. Staaten haben immer im Fokus, die Konsumenten und bestehende Firmen zu schützen. So ist der Status von DAOs in einigen Ländern unklar, legal oder illegal.

Um einer DOA beizutreten, gilt es, herauszufinden, welche DAOs die eigenen Interessen matchen. Ebenso gibt es DAOs, denen jeder beitreten kann oder andere, die bestimmte Aufnahmekriterien (Qualifikation, Token Anzahl) haben. Dies alles lässt sich hervorragend über Websites wie DAOlist und DeepDao recherchieren. Das beste Gefühl bekommt man jedoch erst im Austausch mit der Community. Hier ist es zu empfehlen, über Discord in den Austausch zu treten und geduldig herauszufinden, wie man die DAO unterstützen und Teil von ihr werden kann.

DAOs können finanzielle Ziele verfolgen oder auch als Non-Profit Organisation laufen. Die Mitgliedschaft in einer DAO erfolgt dabei über den Kauf und den Besitz der zur DAO gehörigen Government Token.

Ihre Einsatzmöglichkeiten sind fast grenzenlos und eignen sich unter anderem für Venture Capital Unternehmen, NGOs oder, wie im Fall meines eigenen Unternehmens, auch für Sportvereine. So werden wir einen Sportverein kaufen und diesen in eine DAO umwandeln. Somit wollen wir den weltweit ersten DAC (Decentralized Autonomous Club) ins Leben rufen, der auf der Blockchain läuft. Den dazugehörigen Token können alle Fans erwerben und damit sämtliche Entscheidungen in Bezug auf die Ausrichtung ihres Vereins treffen. Jeder selbst mit der kleinsten Beteiligung kann somit auch über Transfers und Gehaltsstrukturen mitentscheiden.

Nachteile oder Schwachpunkte einer DAO könnte der Smart Contract an sich oder ein Fehler in diesem sein, sowie die fehlende Gerichtsbarkeit und der unklare legale Status, da DAOs noch recht neu sind und sich in einem eher experimentellen Status befinden.

Alle Zahlvorgänge in einer DAO laufen mit im Smart Contract festgeschriebenen Kryptowährungen ab. In Zukunft ist davon auszugehen, dass dezentrale und autonome Strukturen mehr Verbreitung finden. In einer verändernden Arbeitswelt müssen Unternehmen mithalten können und den modernen Herausforderungen standhalten. Eine DAO kann durch einen optimal geschriebenen Smart Contract auf der einen Seite hoch effizient und auf der anderen sicher und transparent sein.

www.boardroom.io bietet für Interessierte einen tollen Überblick über existierende DAOs. So werden dort knapp 200 DAOs mit deutlich mehr als einer Million Mitglieder gelistet, die Ende des Jahres 2022 eine Treasury von fast 10 Billionen USD verwalteten.

Hierbei ist jedoch zu erwähnen, das knapp ¾ dieses Kapitals bei den Top10 DAOs liegen.

Nachwort

Sofern hier jemand vergeblich nach Tradingtechniken gesucht hat, hoffe ich, dass dieses Buch dennoch einen guten Eindruck über die wichtigsten Aspekte im Umgang mit Kryptowährungen gegeben hat.

Da ich selbst nicht trade, würde mir auch das entsprechende Wissen fehlen. Mir fehlt zum einen die Zeit und zum anderen glaube ich nicht daran, mit Charttechniken die Zukunft voraussagen zu können. Oft sind es doch immer reale Gegebenheiten, welche Einfluss auf die Kursentwicklung nehmen.

Ich selbst bin sogenannter HODLer und HODL meine Coins. HODLen bedeutet nichts anderes, als seine Coins langfristig zu halten. Der Ursprung des Wortes kommt aus dem Jahr 2013, als der Bitcoinkurs in Höhe von 520$ innerhalb weniger Tage fast 50% verlor. Einer der User auf www.bitcontalk.org verfasste einen Eintrag darüber, dass er trotz des einbrechenden Kurses seine Bitcoins behalten wolle. Die Überschrift seiner Aussage war „I AM HODLING“ anstelle von „I am holding“. Der Verfasser war zum Zeitpunkt des Absendens zudem betrunken, wie er später öffentlich zugab.

Aber wie wird die Entwicklung der Kryptowährungen in den nächsten Jahren aussehen? Werden wir jemals wieder ein Bitcoin-All-Time-High sehen? Falls ja, wie hoch kann der Kurs steigen?

Letztendlich gibt es von circa 8 Milliarden Menschen auf der Erde, aktuell über 4,9 Milliarden Internetnutzer, von denen aktuell nur ein paar Hundert Millionen Kryptowährungen haben oder nutzen. Eine exakte Zahl hierzu kann es aufgrund von Anonymität und Dezentralität nicht geben, die Range liegt wohl irgendwo zwischen 100 und 500 Millionen.

Dies entspräche einem Prozentsatz von 1,25%-6,25% der Weltbevölkerung oder 2%-10% der Internetnutzer. Aus meiner Sicht eine noch sehr kleine Zahl mit deutlich Potenzial nach oben. Zum anderen muss man bedenken, dass Personen, die Kryptowährungen halten, in der Regel zwischen 20-40 Jahre alt sind. Daher werden die älteren Generationen ohne Zugang zu Kryptowährungen nach und nach verschwinden und die junge nachkommende Krypto-affine Community wird diese ersetzen. Allein durch die steigendenden Nutzerzahlen ist eine weitere Kapitalisierung der Kryptomärkte aus meiner Sicht unausweichlich und wird auch den Bitcoinpreis mittel- oder langfristig in neue Sphären bringen. Preise zwischen 500.000€ bis zu 1 Million Euro für einen Bitcoin halte ich für alles andere als utopisch.

Sofern euch das Buch gefallen und weitergeholfen hat, würde ich mich über eine positive Bewertung freuen. Folgt mir auch gerne bei LinkedIn oder meiner Firma Starzz auf sämtlichen Social-Media-Kanälen.

Literaturverzeichnis

https://aktiennews24.de
Anderson, Alex: Social Token for Web3, Independently published 2022
https://www.bedeutungonline.de
https://www.bitcoinsuisse.com
https://block-builders.de
www.blockchainwelt.de
https://blockzeit.com/de
https://www.brokerdeal.de
https://www.btc-echo.de
https://www.buhl.de
www.cashlink.de
www.coinbase.com
https://coincierge.de
https://coinmarketcap.com/de
https://coinsundtokens.com
Cryptoguy, Vlad: A Beginner´s Guide to DAO, Independently published 2022
https://cryptonews.net/de
https://crypto-pedia.de/
https://www.cryptopoint.ch/
https://www.cryptostudio.com/
https://cryptoticker.io/de
https://de.beincrypto.com
https://de.blogtienao.com
https://de.euronews.com
www.eriks.blog.de
Engel, Raphael und Eule, Cordelia: Kryptowährungen für Einsteiger , Angels 2021
www.faz.de

www.fidor.de
www.finanzen.de
https://www.finanzfluss.de
https://finanzsache.com

Geld anlegen aber richtig, Kryptowährungen: Mit Bitcoins ein passives Einkommen generieren Krypto Dividende, Independently published 2021
Große, Konstantin: NFTs, Independently published 2021
Heinert, Dino: Dezentrale Finanzen, Independently published 2021
Hirsch, Julian: Das nächste Bitcoin, SEC Invest Verlag 2021
Hosp, Julian: Kryptowährungen, Finanzbuchverlag 2018
Huber, Sascha: Kryptotrading, Finanzbuchverlag 2021
Jansen, Björn: Das Grosse NFT Handbuch, Ufer Verlag 2022
https://jodano.de/
Kirosaki, Ronald: Der Krypto Freelance Unternehmer, Independently published 2021
Kowalewski, Marco: Blockchain Millionär, Redirome Verlag, 2022
https://www.kryptokumpel.de
https://kryptoszene.de
www.krypto-vergleich.de
www.kryptozeitung.com
Otter, Nils & Wilmmeroth, Sandra: Kryptowährungen und der dezentrale Finanzmarkt, BoD 2022
https://parachains.info
https://t3n.de
www.starzz.eu
www.talerbox.com
www.techtag.de

www.wikipedia.de
www.wiwo.de
https://ressources.messari.io/pdf/messari-report-crypto-theses-for-2023.pdf
https://www.youtube.com/watch?v=e_1aRvrY1Z0
https://www.youtube.com/watch?v=nFR5XwiFAlA
https://www.youtube.com/watch?v=scxNYVxrTWM
https://www.youtube.com/watch?v=uvzEN67nMrE
https://www.youtube.com/watch?v=tC50PXF5FDo
https://www.youtube.com/watch?v=viupG2vitag
https://www.youtube.com/watch?v=7WOavTg7lTQ
https://www.youtube.com/watch?v=79PCO1J5GGs
Wester, Luis: Blockchain Maximalist, Independently published 2021
Patterson, Daniel: Amazing DAOs: Decentralized Autonomous Organisations for Beginners
https://de.wikipedia.org/wiki/Sekret%C3%A4rinnenproblem